Die Ringwälle

in der früheren preußischen Provinz Posen

Ein Beitrag zur vorgeschichtlichen Kartographie

Von

Paul Schumann

völlig überarbeitete Neuauflage
der Ausgabe von 1924
mit vielen Bildern und einer Karte

herausgegeben von **Steffen Großpietsch**

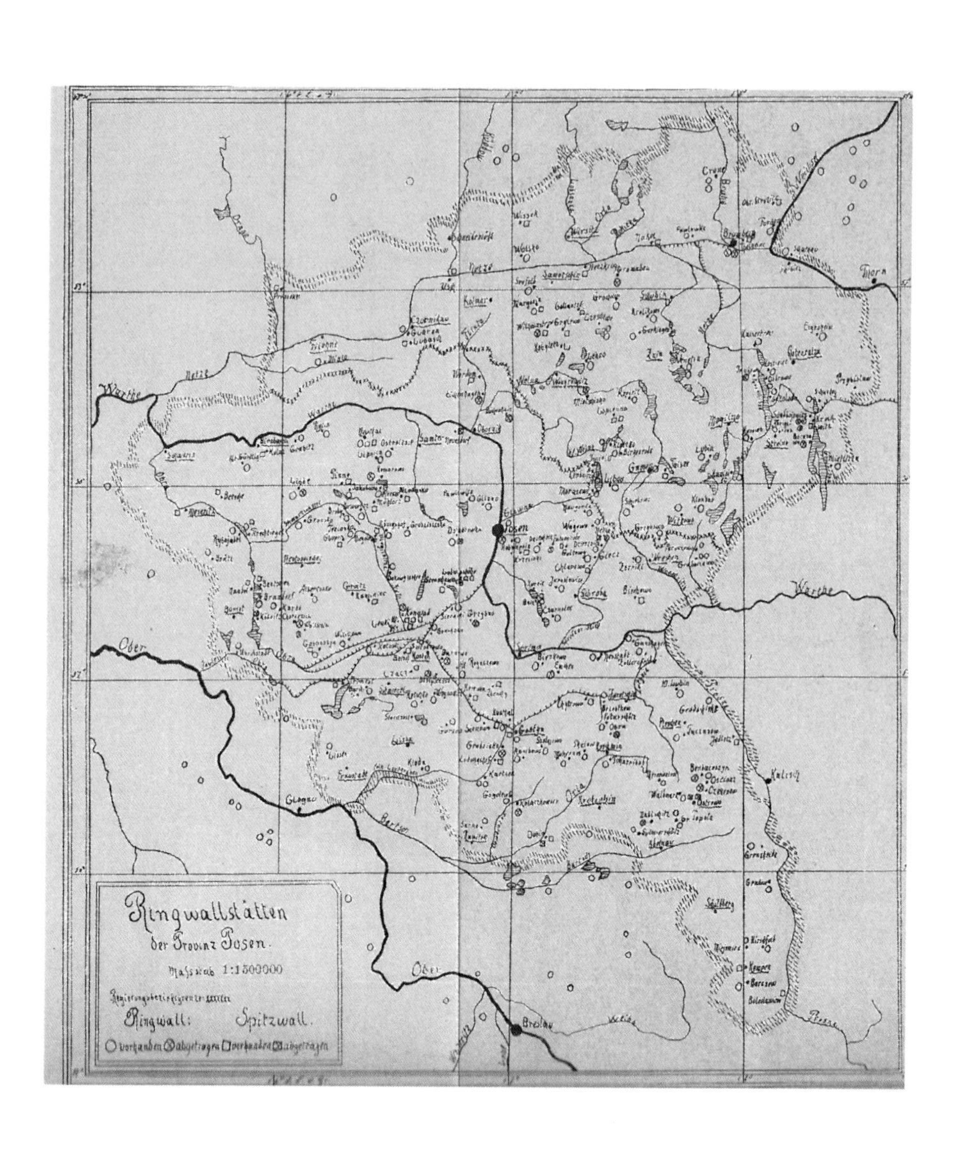
Ringwallstätten
der Provinz Posen.
Maßstab 1:1500000
Ringwall:
Spitzwall.
vorhanden
abgetragen
vorhanden
abgetragen
Posen
Warthe
Oder
Glogau
Breslau
Thorn
Kalisch
Netze

Vorwort

Die Anregung zur karthographischen Festlegung der Ringwälle in der Provinz Posen gab Herr Prof. Dr. Schütze, seinerzeit Fachlehrer für Geographie an der Kgl. Akademie in Posen.

Durch Beantwortung meiner Fragebogen, Messungen und sonstige Auskunft haben eine Reihe Lehrer, Geistliche und Kreisschulinspektoren das Gelingen der Arbeit ermöglicht. Ihnen allen sei an dieser Stelle verbindlichst gedankt.

Dank schulde ich auch den Herren Geh, Reg.-Rat Prof. Dr. Kossinna und Dr. W. Schulz-Halle für freundliche Hilfe bei der Ausgestaltung des Literaturnachweises.

In diesem nahm ich alle Literatur auf, soweit ich ihrer habhaft werden konnte. Er erhebt daher auf Vollständigkeit keinen Anspruch. Eine Beschränkung lediglich auf die Literatur über slawische Wälle habe ich deswegen nicht eintreten lassen, weil bezüglich der Form, des Lageplatzes, z. T. auch des Baumaterials sich weitgehende Ähnlichkeiten zwischen keltischen, germanischen und slawischen Wällen vorfinden, welche Erscheinungen darauf zurückzuführen sind, daß die meisten Wälle ihre Entstehung wohl dem Nützlichkeitsgrundsatz zu verdanken haben.

Die vorliegende Arbeit möchte dienen, als Grundlage und Ausgangspunkt für forschende Spatenarbeit, die überall im weiten Gebiet des Bezirkes dringend notwendig ist. Hoffentlich kommt für deutsche Fachgelehrte einmal die Zeit, da sie auf wieder deutschem Boden die Arbeit aufnehmen können.

Weißenfels/Saale, im Nebelung 1923.

Paul Schumacher.

Bibliografische Information der Deutschen Nationalbibliothek:
Die Deutsche Nationalbibliothek verzeichnet diese Publikation in der Deutschen Nationalbibliografie; detaillierte bibliografische Daten sind im Internet über dnb.dnb.de abrufbar.

Herstellung und Verlag: BoD – Books on Demand, Norderstedt
ISBN 9783754347737

Inhalt

1 Im Kreise Schwerin sind Ringwälle bisher nicht aufgefunden worden.

A. Allgemeiner Teil.

I. Geschichtlicher Rückblick auf die Ringwallforschung

Lange schon beschäftigt sich die Wissenschaft mit der Erforschung der menschlichen Siedlungen, namentlich auch mit den Siedlungen der prähistorischen Zeit. Die Gräberforschung, die schon einige Jahrhunderte blüht, zeitigte reiche Ergebnisse, die in ein geordnetes System gebracht werden konnten. An einer Siedlungsstätte aber, ging man bis vor einigen Jahrzehnten achtlos vorüber, dem Ringwall. Eigentlich ist es verwunderlich, daß er so wenig Beachtung gefunden hat; denn Gelegenheit genug bot sich, ihn zu erforschen. Häufig findet er sich vergesellschaftet mit Urnenfeldern, oder in Verbindung mit Pfahlbauten. Man sollte glauben, die große Zahl der Ringwälle, ihr teilweise gehäuftes Auftreten in einzelnen Bezirken (so in der Oberlausitz) hätte schon früh zu einer systematischen Erforschung geführt. Dem ist aber nicht so. Der erste, der sich eingehend mit ihnen beschäftigte, war der Hauptmann Oskar Schuster in seinem Buche: Die alten Heideschanzen Deutschlands. Dresden 1869. Ihm waren etwa 350 Wälle in Deutschland bekannt. Zu einer beträchtlich größeren Zahl kam dann für das östliche Deutschland allein Dr. Robert Behla. Sein Werk betitelt sich: Die vorgeschichtlichen Rundwälle im östlichen Deutschland. Berlin 1888. Für dieses Gebiet, das die preußischen Provinzen östlich der Elbe, die beiden Mecklenburg, die Provinz Sachsen und den Freistaat Sachsen umfaßt, stellte er durch seine Nachforschungen 1049 Wälle zusammen. In der Provinz Posen sammelte in den siebziger und in den ersten achtziger Jahren des letzten Jahrhunderts der Gymnasialdirektor Dr. W. Schwartz, „Materialien zur prähistorischen Kartographie der Provinz Posen“ und veröffentlichte sie in den Programmen des Friedrich Wilhelm-Gymnasiums zu Posen in den Jahren 1875, 1880 und 1881. In diesen Materialien sind die Ringwälle besonders vertreten. Ihre Kenntnis beruht teils auf eigener Untersuchung, teils auf Hoffmann, Verzeichnis sämtlicher Ortschaften des Regierungsbezirks Bromberg, 1860, teils stützt sie sich auf die Generalstabskarten, soweit sie bis dahin erschienen waren.

Allgemeine Veröffentlichungen und Zusammenstellungen von

Ringwällen für das ganze Deutschland sind nach dem Erscheinen des Behlaschen Buches nicht mehr erfolgt. Wohl aber ist von dem Jahre 1888 ab ein reges Interesse an der Ringwallforschung wahrnehmbar. Die einzelnen Jahrgänge der „Zeitschrift für Ethnologie“, des „Mannus“, der „Prähistorischen Zeitschrift“ und die „Mannus Bibliothek“ legen ein beredetes Zeugnis dafür ab. In allen Provinzen begann nun eifrige Arbeit, die sich teilweise zu zusammenhängenden Veröffentlichungen verdichtete. In der Provinz Posen ruhte die systematische Ringwallforschung mit dem Weggange von Dr, W. Schwartz. Einzelforschungen unternahm auf Grund der Schwartzschen Materialien Professor Dr. Rudolf Virchow, der auch den Kreisarzt Dr. Robert Koch, den nachmals so berühmten Forscher, zu Untersuchungen veranlaßte. Deren Ergebnisse werden an anderer Stelle noch Erwähnung finden. Andere Einzeluntersuchungen aus der Provinz sind dann noch in den späteren Jahrgängen der Zeitschrift für Ethnologie veröffentlicht; sie erfolgen vielfach auf Veranlassung des Königlichen Ministeriums für Landwirtschaft, Domänen und Forsten. Durch das Kultusministerium angeregt, erließ dieses auch eine Zirkular-Verfügung vom 15. August 1888, wonach die Königlichen Regierungen und Oberförstereien angewiesen wurden, auf die Erhaltung der Rundwälle, soweit sie sich auf Domänen und forstfiskalischem Grund und Boden befinden, Bedacht zu nehmen und von weiteren Auffindungen von Rundwällen Mitteilung zu machen.

II. Form und Material

Schuster hat die Ringwälle nach ihrer Form in drei Gruppen geteilt. Er unterscheidet runde, halbmondförmige und kegelförmige Wälle. Die erste Gruppe umschließt alle Wälle von kreisrunder, ovaler, oder mehr, oder minder viereckiger Gestalt. Letztere haben durchweg abgestumpfte Ecken[2]. Die halbmondförmigen Wälle sind meistens in ihrer Gestalt anhängig von ihrem Standorte. Sie finden sich nämlich da, wo der Ausbau eines vollen Ringwalles nicht nötig war, weil die eine Seite entweder an einen Abhang stößt, oder von einem Steilufer begrenzt wird. Die Wälle der

2 z. B. Ringwall bei Grzybowo, Kreis Witkowo, Ringwall von Karna, Kreis Bomst.

dritten Gruppe endlich, sind abgestumpfte Kegel, die äußerlich oftmals von einem Ringwall der ersten Gruppe kaum zu unterscheiden sind; erst wenn man ihre Krone besteigt, sieht man, daß ihnen der Kessel, der vom Wall umschlossen wird, fehlt. Dieser Kessel zeigt bei den meisten Ringwällen die Eigentümlichkeit, daß seine Basis höher liegt, als die Sohle der ganzen Anlage; oft ist der Abstand zwischen beiden recht beträchtlich[3].

Bei größeren Anlagen findet sich zuweilen innerhalb des Kessels ein Kegelstumpf, der über den Wall entweder gar nicht, oder nur wenig emporragt. Es ist dies sozusagen eine Verbindung zwischen der Napfform und der Kegelform. Die Kegelförmigen Wälle sind fast stets mit einem Graben umgeben; bei manchen findet sich in der Gegenwart allerdings kaum noch eine Anlage davon. Der Graben tritt bei den vollen und halbmondförmigen Ringen weniger häufig auf[4].

Die ovalen Ringwälle sind nicht auf Ostdeutschland (Lissauer weist sie für Westpreußen, Haas für Rügen, Schumann für Pommern nach) beschränkt, sondern treten auch in SW-Deutschland auf. So haben die neolithischen Ringwälle im Elsaß auch ovale Form[5].

Das Hauptmerkmal aller Formen ist die künstliche Aufschüttung. Das Material dazu stammt in den meisten Fällen aus der nächsten Umgebung. Es kommt Ackererde, Moorerde, oder auch Sand zur Verwendung. Zuweilen ist in geschickter Weise ein gegen ein Tal vorspringender Hügel mit in die ganze Wallanlage hineinbezogen worden[6]. Auch finden sich kegelförmige Wälle, die aus einer natürlichen Anhöhe herausgeschnitten sind[7]. Bei Anlagen im sumpfigen Gelände kommen Pfahlroste als Unterlage des Walles vor. So fand Dr. W. Schwartz bei dem Wall von Groß-Topola, Kreis Adelnau, ein packwerkartiges Fundament aus behauenen Eschen- und Eichenstämmen. Kohn und Mehlis[8] sagen, nach Dr. Szulce, von der

3 Ringwall bei Moraczewo, Kreis Gnesen, 6-7 m.

4 Ringwall bei Karna, Kreis Bomst, desgl. von Niegolewo, Kr. Grätz.

5 Gutmann, Die neolithische Bergfeste von Oltingen. Prähist. Zeitschr. Bd. 5, S. 158/205, 1913

6 Ringwall von Niewierz, Kr. Samter; Skizze und Lageplan des Ringwalles beim Bahnhof Neuthal, Kr. Samter. Bildteil.

7 Schwedenschanze von Chlapowo, Kr. Schroda und die kegelförmigen Aufschüttungen im Os am Budzyner See bei Ludwigshöhe, Kreis Schrimm. Bildteil.

8 Kohn und Mehlis, Materialien zur Vorgeschichte des Menschen. Bd. 2, S. 64

Schanze (Grodzisko) bei Giecz, Kr. Schroda, aus, daß die Wälle auf einem Roste von Bohlen, der auf eichenen, in den Sumpf gerammten Pfählen ruht, aufgeschüttet sind. Nach Virchow ist die Stadt Priment im Kreise Bomst vollständig auf einer künstlichen Aufschüttung im Moore gelegen. Die ersten Anlagen wurde auf einer Pfahlunterlage begonnen, wie zahlreiche noch stehende und herausgenommene Pfähle beweisen. Dasselbe behauptet Schwartz von einem Teil der Stadt Adelnau im gleichnamigen Kreise.

Prof. Deecke[9] ist der Meinung, daß die jetzigen Städte Pommerns alle entweder auf alten slawischen Burgwällen gegründet, oder doch an solchen Stellen gelegen seien, die sich auch zur Anlage eines solchen Burgwalles geeignet hätten. Prof. Dr. Walther-Stettin[10] hat sich schon 1889 im ähnlichen Sinne geäußert.

In unserer Provinz sind alle drei Arten der Ringwälle zu finden. Wenn Schuster meint, daß die halbmondförmigen Wälle sich häufiger fänden, als die runden, so trifft das für die Provinz Posen nicht zu. Letztere sind in größerer Zahl vorhanden.

Auch C. Schuchhardt[11] behauptet: „Wirkliche Ring- und Rundwälle sind kaum die Hälfte der alten Anlagen." Die Posener Wälle beweisen, daß ein Urteil in solcher Allgemeinheit nicht ausgesprochen werden sollte, ohne das Gesamtmaterial zu kennen.

H. Hofmeister, „Die Wehranlagen Nordalbingiens" führt auch nur Vollringe auf. Der einzige dort bekannte halbmondförmige Ring ist auf dem Stülper Huk gelegen. Von diesem ist aber auch, wie bei dem Ringwall von Fordon an der Weichsel, die eine Hälfte wahrscheinlich vom Wasser verschlungen worden. Am zahlreichsten sind die kegelförmigen Aufschüttungen. Sie treten nicht nur alleinstehend auf, sondern häufig finden sie sich in unmittelbarer Nähe der Ringwälle, oder doch nicht in so großer Entfernung, als daß sie nicht noch vom Ringwall aus gesehen werden könnten[12].

---

9 Prof.Deecke im LX. Jahresbericht der geographischen Gesellschaft zu Greifswald. S.174ff.

10 Prof. Dr. Walther, Prähistorische Funde zwischen Oder und Rega. S. 3.

11 Prof. Dr. Schuchhardt, Die Römerschanze bei Potsdam. Prähist. Zeitschr. Bd. 1, S. 214.

12 z. B. Ring- u. Spitzwall bei Bnin, Kr. Schrimm, Ring-u. Spitzwall bei Godscieszyn, Kr. Bomst.

Die selbe Wahrnehmung hat C. Schuchhardt gemacht[13]. Er spricht die kegelförmigen Wälle darum als „Warthügel“, oder „Warten“ an, indem er sich der Meinung von Schuster anschließt, daß sie für Wachtposten und Feuersignale benutzt wurden. Doch führt Schuster für diese Kegel den Namen „Spitzwall“ ein, eine neutrale Bezeichnung, die von hier ab auch in dieser Abhandlung für derartige Aufschüttungen gebraucht werden wird. Sie allgemein als „Warten“ zu bezeichnen, verbietet sich, weil bei den isoliert liegenden Spitzwällen eine solche Bezeichnung durchaus unzutreffend wäre. Schuster vermutet, daß die Spitzwälle in Ostdeutschland häufiger sind als in den übrigen Gebieten des Reiches. Ihr zahlreiches Auftreten in der Provinz Posen spricht für diese Vermutung, doch beschreibt H. Hofmeister aus der Umgebung von Lübeck eine größere Anzahl von künstlichen Aufschüttungen, die von ihm als „Bergfried“ bezeichnet werden und den „Spitzwällen“ der Provinz Posen gleichzusetzen sind[14]. Auch jenseits der Grenze, in Polen, sind sie häufig zu finden.

Martin Schultze hat im Gebiet der Stochod-Sümpfe mehrfach ringwallartige Anlagen gesehen. Er nimmt von ihnen an, daß sie aus jüngerer Zeit stammen und der Gewinnung von Holzteer gedient haben[15].

Bei größeren Ringwällen finden sich Vorwälle angelegt, meistens derartig, daß sie sich als Halbkreis vor der höchsten Seite des Walles vorüberziehen. Für unsere Provinz haben sich bisher nur drei solcher Anlagen mit Sicherheit feststellen lassen, doch wird eine genauere Untersuchung der einzelnen Wallanlagen vielleicht noch Spuren einstiger Vorwälle feststellen können. Einen sehr großen Vorwall, der fast die Größe des Hauptwalles erreicht, und die Anlage dadurch zu einem Doppelring macht, besitzt der Ringwall von Grodzisko, Kr. Pleschen. Ein weiterer Doppelring befindet sich im Kreise Bomst. Es ist das der Kirchhof der jüdischen Gemeinde Gemeinde in Unruhstadt, gelegen an der Chaussee nach Wollstein, zwi-

---

13 Oppermann-Schuchhardt, Atlas vorgeschichtlicher Befestigungen in Niedersachsen. Hannover 1888-1916, H. IV, S. 103 u. H. VI, S. 174.

14 H. Hofmeister, Die Wehranlagen Nordalbingiens. Lübeck 1917, S. 39.

15 Martin Schultze, Vorgeschichtliche Untersuchungen während der Kriegszeit. Mannus 1918, 1 / 2, S. 107.

schen Neudorf und Großdorf[16]. Die dritte größere Anlage ist der Ringwall bei Bonikowo, Kr. Kosten. Er besitzt sogar zwei Vorwälle, beide liegen an derselben Seite des Hauptringes[17]. Leider hat die ganze Anlage schon sehr durch die Abtragungen gelitten.

Selten führen Wege zu den Ringwällen hin, Wo breite Straßen in sie einmünden, kann mit ziemlicher Sicherheit angenommen werden, daß Sie in späterer Zeit, vielleicht erst in der Gegenwart, angelegt wurden, meistens um den Ringwall der Bebauung mit Ackerfrüchten zugänglich zu machen. Darum finden sich auch Eingänge bei den wenigsten Wällen. Elf Wälle in der Provinz besitzen Eingänge, oder hatten solche. Es sind:

der Ringwall von Waldmark (fr. Pogrzybowo), Kr. Adelnau,
der Grodzisko von Giecz, Kr. Schroda,
der Wall von Baranowo, Kr. Strelno (abgetragen),
der Ringwall von Lubin, Kr. Mogilno,
der Wall von Pawlowice, Kr. Posen-West,
der Ringwall von Storchnest, Kr. Lissa,
der Ringwall von Kirchfeld (fr. Kierzno), Kr. Kempen,
der Ringwall von Unruhstadt, Kr. Bomst,
der Ringwall von Goscieszyn, Kr. Bomst,
der Ringwall von Lekno, Kr. Wongrowitz,
der Ringwall von Fordonnek, Kr. Bromberg[18].

Die Wälle ohne Eingang, sowie auch die Spitzwälle, wurden wahrscheinlich auf schräg den Wall hinaufführenden Pfaden erstiegen. Schuster hat beobachtet, daß diese Pfade, an der tiefsten Stelle des Walles beginnend, so den Wall hinanliefen, daß der Besteiger des Walles stets die rechte, nicht vom Schilde gedeckte Seite seines Körpers der Wallkrone zukehrte. Er bringt also die Pfade in Verbindung mit einer evtl. Verteidi-

16 Meßtischblatt 2193, siehe Bildteil.
17 Siehe Bildteil.
18 Die Feststellung ist erfolgt, ohne auf das Alter und die Entstehung der Eingänge Rücksicht zu nehmen.

gung der Ringwälle gegen Feinde. An den Spitzwällen im Os bei Ludwigshöhe, Kr. Schrimm, führen Fußpfade nicht nur von einer Seite auf die Wälle, sondern sie laufen, von der Mitte der Seite ausgehend, die den geringsten Böschungswinkel hat, nach beiden Seiten um den Wall. Die Höhe erreichen sie ziemlich in der Mitte der beiden Seiten, die der Anfangsseite des Walles anliegen[19]. Die beidseitigen Fußpfade sprechen gegen die kriegerische Erklärung von Hauptmann Schuster. Daß sie nicht neuzeitliche Entstehung haben, läßt sich daran erkennen, daß sie eine Rasendecke tragen, die sicherlich mehr, oder weniger vernichtet wäre, wenn die Spitzwälle häufiger begangen würden, wozu in diesem Falle auch gar kein Grund vorliegt. Auch auf dem Spitzwall nördlich von Betsche, Kr. Meseritz, führt ein Pfad hinauf. Er läuft in einer Schneckenlinie um den Hügel; dies hat dem Wall den Namen „Schneckenberg" eingetragen.

III. Name.

Was die Benennung der Wälle anbetrifft, so ist festzustellen, daß das Volk fast nie den wissenschaftlichen, von der Form hergeleiteten Namen „Ringwall", oder „Rundwall" benutzt. Nur die slawischen Sprachen gehen in der Benennung der Wälle auf ihre Form ein: Polnisch heißt der Ringwall „Grodzisko", d. h. Umzäunter, umwallter Ort. Das polnische „grod" ist gleichbedeutend mit unserm „gard" = Einfriedung, oder dem dänischen „gard" = Hof. Von diesem Namen abgeleitet finden sich in der Provinz viele Ortsnamen., einige dieser Dörfer führen direkt den Namen Grodzisko, so in den Kreisen Gostyn und Plechen. In den Kreisen Samter und Schroda finden sich eine Landgemeinde und ein Wohnplatz Grodziszczko benannt. Diese Ortsnamen deuten auf das Vorhandensein eines Ringwalles hin. In den Kreisen Pleschen und Samter sind solche auch noch heute bei den genannten Orten gelegen. Die Spitzwälle führen vielfach ihre besonderen Namen. So haben die Spitzwälle bei der Stadt Kempen und bei

19 Siehe Bildteil.

Sarne, Kr. Rawitsch, die Bezeichnung „Kopiec“[20]. Nach Treichel[21] heißt „Kopce“ zu deutsch „Hügel“. „Kopiec“ wäre also auch mit „Hügel“, oder „Hügelchen“ zu übersetzen. Diese Benennung scheint mehr in Schlesien gebräuchlich zu sein, wo auch der „Kopietz, oder Tempelberg“ bei Oberwitz, Kr. Gr. Strehlitz in Oberschlesien, liegt. Der Grodturm von Boleslawice, Kr. Kempen, wird „Komin“ genannt. Ein Spitzwall bei Zerniki, Kr. Wreschen, heißt darum „Gromisko“ = Gräber, weil Skelettfunde gemacht wurden. Beim Kleinbahnhof Trzionka, Kr. Grätz, befindet sich sich ein Spitzwall, der den Namen „Malinez-Hügel“ führt. Die deutsche Bezeichnung für die Spitzwälle ist meistens „Schloßberg“, wenn überhaupt eine volkstümliche Bezeichnung vorhanden ist. Nur einzelne weichen ab und tragen besondere Namen. So heißt der Spitzwall bei Chorzemin, Kr. Bomst, „Jägerberg“. Der Schneckenberg bei Betsche wurde schon erwähnt. Es sind noch zu nennen der „Johannesberg“ bei Usch, Kr. Kolmar, und der „Blocksberg“ bei Oberstrehlitz, Kr. Bromberg, sowie der „Mühlenberg“ bei Biechowo, Kr. Wreschen.

Die Ringwälle führen auch in der Provinz Posen die landläufige Bezeichnung „Schwedenschanze“. Auch auf den Meßtischblättern ist dieser Name fast ausschließlich gebraucht. Die noch in den Köpfen spukenden Schwedenkriege bilden die Veranlassung zu dieser Benennung. Bei Jedlec, Kr. Pleschen, wird der Ringwall volkstümlich sogar „General-Schwedenschanze“ genannt. Die Schweden sollen die Schanzen angelegt haben; das ergeben vor allem die Sagen, die sich an einzelne Wälle knüpfen. So wird[22] vom Ringwall von Groß-Topola, Kr. Adelnau, erzählt, daß die Schweden die Erde dazu von einer in der Umgebung gelegenen Höhe in Schürzen, oder Taschen, herbeigetragen hätten. Auch von dem Spitzwall bei Ober-Strehlitz geht die Sage, daß die Schweden dazu die Erde in ihren Mützen zusammengetragen hätten. Über weitere Sagen wird bei der

20 Der Ringwall bei Ogen, Kr. Grottkau in Schlesien führt den ähnlich klingenden Namen „Kuppitz“, oder „Kupitzeberg“. (Soehnel, Die Burgwälle Schlesiens usw. in „Schlesiens Vorzeit in Bild und Schrift“. Bd. 6, S. 89/106, 1896.)

21 Treichel in Zeitschr. f. Ethn. 1896, S. 374.

22 Dr. W. Schwartz, Materialien zur prähistorischen Kartographie der Provinz Posen, 1880, S. 19.

Zusammenstellung der einzelnen Wälle im zweiten Teile berichtet werden. Nur von dem Ringwall bei Brody, Kr. Neutomischel, scheint ein besonderer, volkstümlicher Name in Gebrauch zu sein. Deutsch wird er „Hexenburg“ genannt, während die polnische Bezeichnung „clump“ ist. Eine Übersetzung für diese Bezeichnung war nicht zu erlangen.

Die Bezeichnung „Burgwall“, die sich in der Provinz Posen augenscheinlich gar nicht eingebürgert hat[23], rührt ebenso wie die Bezeichnung „Schwedenschanze“ für unsere Provinz aus einer späteren, als der Entstehungszeit der Wälle her. Die Anlage von Burgen und Schlössern[24] auf Spitzwällen war die Ursache dieser Benennung.

IV. Größenverhältnisse.

Die folgende Übersicht über die Größenverhältnisse von einigen Ring- und Spitzwällen der Provinz Posen gründet sich auf die vorhandene Literatur und auf eigene Messungen und Ermittlungen. Sie kann darum auf Vollständigkeit keinen Anspruch erheben, da von den die Zahl 200 überschreitenden Wallstätten der Provinz, nur 94 erfaßt werden konnten.

Die Übersicht umfaßt Ring- und Spitzwälle, vorhandene und abgetragene, soweit von letzteren die Maße erhalten waren, oder sich übermitteln ließen. Ihre Lückenhaftigkeit hat mancherlei Gründe: Überschwemmung der umliegenden Wiesen, Bebauung mit Körnerfrüchten, Verbot der Messung durch den Besitzer u. a. Auch die aus der Literatur entnommenen Angaben sind recht unvollständig. Augenscheinlich hat man in früheren Jahren bei der Untersuchung der Ringwälle, auf die Maße kein besonderes Gewicht gelegt. So gibt auch Virchow seine Maße stets nach Schritt an, die Höhenangaben erfolgen in Fuß. In der Übersicht wurde die Schrittlänge zu 0,75 m angenommen. Für die Umrechnung der Fuß in Meter wurde der am

23 Virchow bezeichnet allerdings die von ihm untersuchten Spitzwälle mit diesem Namen; jedoch ist es die von ihm gebrauchte wissenschaftliche Bezeichnung, nicht etwa ein ihm vielleicht volkstümlicher Name.

24 Starostenschloß bei Gollantsch, Kr. Wongrowitz.

meisten gebräuchliche rheinische Fuß[25] zugrunde gelegt. Erst in neuerer Zeit enthalten die Berichte über Ringwalluntersuchungen genauere Maße; der Böschungswinkel allerdings, ist bei den Ringwällen der Provinz Posen bisher noch nie gemessen worden.

Übersicht

über die Größenverhältnisse von 94 Ring- und Spitzwällen in der Provinz Posen.

(Regierungsbezirke und Kreise folgen in alphabetischer Reihenfolge.)

Kreis	Ort	Umfang m	Durchmesser m	senkrechte Höhe m	schräge Höhe m	Böschungswinkel
Bromberg	Kaiser Wilhelm-Schanze bei Crone	150	32	-	Wall 2 Kegel 5	40°
"	Ringwall stary dwor bei Crone	500	140-160	-	-	-
"	Ringwall von Fordonnek	280	90	Wall 10 Kegel 12	Wall 16 Kegel 17 1/2	35°
"	Spitzwall von Ober-Strehlitz	120	-	6	15-20	45°
Filehne	Ringwall von Miala	180	-	-	10-11	-
"	Spitzwall bei Prossekelmühle	700	-	7	20	20°
Gnesen	Ringwall von Gnesen	200	36	8	15	30°
"	Ringwall von Kletzko	150	50	2	3	35°
"	Spitzwall von Libau	146	-	6	9	35°
"	Ringwall von Morascewo	250	50	9	15-16	35°
Hohensalza	Ringwall bei Kaisertreu	104	-	4	7-8	17°
"	Spitzwall von Przybyslaw	40	-	4	7	35°
Kolmar	Ringwall von Morgonin	130	80	12	14	45°
"	Ringwall von Seefeld	300	-	23	27	35°
"	Johannesberg bei Usch	300	-	5	8	30°
"	Spitzwall von Wilhelmstreu	63	-	6	-	45°
Kreis	Ort	Umfang m	Durchmesser m	senkrechte Höhe m	schräge Höhe m	Böschungswinkel
Mogilno	Ringwall von Lubin	-	-	-	6-7	-
"	Ringwall von Kunowo	-	-	2	3	35°
Schubin	Ringwall von Krolikowo	110	-	-	16	35°
Strelno	Ringwall von Baranowo	-	40	3	-	-
Witkowo	Spitzwall von Grzybowo	700	200	10	-	-
"	Ringwall von Witkowo	465	56	-	6-19	-
Wongrowitz	Spitzwall von Kobyletz	300	-	30	40	45°
"	Ringwall von Lekno	110	-	-	16	35°

25 31,38535 cm

"	Ringwall von Czeschewo I	800	-	-	-	-
"	Ringwall von Czeschewo II	135	-	6 früher 10-12	8	-
Adelnau	Ringwall von Sulmirschütz	290	-	3 1/2	-	-
"	Ringwall von Groß-Topola	130	64	-	-	-
Birnbaum	Ringwall von Grabitz	235	80	8-11	11-16	45°
"	Spitzwall von Ryzin	50	20	7	10	45°
Bomst	Ringwall von Goscieszyn	145	50	18	30	35°
"	Ringwall von Karna	-	94	6	-	-
"	Ringwall von Unruhstadt	-	45	8	-	-
Gostyn	Spitzwall von Gogolewo II	60	-	1 1/2	-	-
"	Schloßberg bei Gostyn	230	-	18	24	45°
"	Ringwall von Kunthal	239	28	2	13	10°
"	Spitzwall von Kunthal	210	22	4	5	45°
"	Spitzwall von Ludwigsdorf	80	25	5 1/2	-	25°
"	Ringwall von Potarzyce	180	60	6-7	10	35-40°
"	Ringwall von Rembowo	260	45	2	20	5°
Grätz	Ringwall bei Dakowymokre	-	48-50	3-4	-	-
"	Spitzwall von Niegolewo	120	-	5-6	-	-
"	Ringwall von Trczionka	-	-	1 1/2	-	-

Kreis	Ort	Umfang m	Durchmesser m	senkrechte Höhe m	schräge Höhe m	Böschungs-winkel
Grätz	Ringwall bei Bahnhof Trczionka	-	-	2	-	-
Jarotschin	Ringwall von Chytrowo	270	30	5	20	30°
"	Ringwall von Neustadt a. d. Warthe	275	90	9	12	45°
"	Spitzwall von Portaschütz	28	10	6	12	30°
Kempen	Grodturm von Boleslawice	-	-	10	-	-
"	Spitzwall von Kempen	-	-	6	-	40°
"	Ringwall von Kirschfeld	-	37-40	-	-	-
"	Ringwall von Misomice	300	75	-	-	-
Kosten	Ringwall von Bonikowo	200	70	4	4-5	45°
Lissa	Ringwall von Kloda	300	-	-	-	-
"	Ringwall von Retschke	320	-	17	25	45°
"	Ringwall von Storchnest	330	-	5	-	-
"	Ringwall vom Woynowitzer See	150	30	6	10	35°
Meseritz	Spitzwall von Betsche	120	-	20	35	35°
"	Spitzwall von Nandel	60	25	5	12	25°
Neu-tomischel	Ringwall von Brody	114	-	2 1/2	6 1/2	25°
Obornik	Spitzwall von Neuendorf	-	-	2	4-5	25°
Pleschen	Spitzwall von Jedlec	50	-	25	-	-
"	Ringwall von Grodzisko	675	300	-	-	-
Posen-Ost	Ringwall von Kobylepole	170	-	2	5-6	20°
Posen-West	Ringwall von Dombrowka I	190	60	2	4-8	40°
"	Spitzwall von Dombrowka II	68	15	6	-	-
"	Ringwall von Pawlowice	220	10	6	8	45°
"	Schloßberg von Stenschewo	350	-	4-5	10-16	30°

Rawitsch	Kirchhof von Dubin	180-200	-	2	3-4	-
"	Spitzwall von Sarne	65	-	4	10	25°

Kreis	Ort	Umfang m	Durchmesse m	senkrechte Höhe m	schräge Höhe m	Böschungs-winkel
Samter	Ringwall von Jakubowo	-	22	15	-	-
"	Ringwall von Königshof	120	48	6-7	-	-
"	Spitzwall von Mlodasko	120	-	12-13	-	-
"	Spitzwall von Mühlort	-	22-23	12-13	-	-
"	Spitzwall I von Neuthal	125	-	10	25	25°
"	Spitzwall II von Neuthal	70	-	6	8	45°
"	Ringwall von Neuthal	-	25	-	14-16	-
"	Ringwall von Ostrolesie	260	20	12	18	40°
"	Ringwall von Niewierz	-	22-23	9-10	-	-
Schildberg	Ringwall von Grabow	-	90	-	-	-
Schmiegel	Ringwall von Barchlin	-	-	7 1/2	-	-
"	Ringwall von Czacz	140	O-W 23 N-S 15	4	10	45°
Schrimm	Spitzwall von Krzesinki	200	-	3-5	7-8	25-45°
"	Spitzwall I von Ludwigshöhe	200	-	7,76	13	36°
"	Spitzwall II von Ludwigshöhe	130	-	6,81	10 1/2	34°
Schroda	Spitzwall von Chlapowo	-	22	7	13	35°
"	Ringwall von Deutscheck	270	86	5,35	-	-
"	Ringwall von Dzierznica	150	-	3	4-5	30°
"	Ringwall von Grodzisko (Giecz)	700	210	9-10	19	30°
"	Ringwall von Jaroslawice	100	60	4-5	7-8	-
"	Ringwall von Sokolniki	200	63	4-5	-	-
Wreschen	Spitzwall von Biechowo	450	-	2-5	-	-
"	Ringwall von Graboszewo	68	10	6	8	45°
"	Ringwall von Parusewo	174	36	4	9-10	25°
"	Ringwall von Zerniki	540	-	6	10	37°

Um die Anlagen nach ihrer Flächengröße vergleichen zu können, beziehen sich die Zahlen der ersten Spalten auf den äußeren Umfang am Fuß des Walles. Ist der Wall mit einem Graben versehen, so ist dieser einbezogen. Dagegen gibt die zweite Spalte den inneren Durchmesser des Kessels bei den Ringwällen an; die Angaben über den Durchmesser der Spitzwälle beziehen sich auf den Fuß des Kegels, ohne den Graben. Der Böschungswinkel ist in vielen Fällen erst durch Rechnung gefunden worden.

Bis auf wenige Fälle können die Maße keinen Anspruch auf völlige Genauigkeit erheben; doch kommen geringfügige Abweichungen von der Richtigkeit für Schlußfolgerungen über die Größenverhältnisse der Ringwälle, als bedeutungslos, nicht in Betracht.

Die Ringwallumfänge schwanken zwischen 68-800 m, es überwiegen die Wälle mit 100-200 m Umfang. Die Umfänge der Spitzwälle sind durchweg ein wenig geringer; ihre größte Anzahl hat einen Umfang von 50-250 m. Doch sind einige Spitzwallanlagen erheblich größer und stehen, wie die Übersicht ergibt, den größten Ringwallanlagen nicht nach.

Aber auch die Ring- und Spitzwälle, welche einen verhältnismäßig kleinen Flächenraum einnehmen, können sich dem Auge des Beschauers doch in imponierender Größe darbieten, wenn zu dem Umfang eine bedeutende, relative Höhe, hinzutritt.

Die senkrechten Höhen der Wälle bewegen sich meist zwischen 2-7m; doch gehen einige über diese Maße beträchtlich hinaus. Auffällig ist, daß Ringwälle von geringer Höhe weit zahlreicher sind, als niedrige Spitzwälle. Das wird darin seinen Grund haben, daß die Ringwälle viel mehr als die Spitzwälle der Zerstörung ausgesetzt sind. Der Landmann kann in ihrem Kessel nicht nur sein Vieh weiden lassen, sondern auch in dem meistens sehr fruchtbaren Humusboden Körnerfrüchte ansäen. Der Pflug beginnt dann das langsame, aber jahraus, jahrein wirksame Geschäft des Ausgleichs zwischen Wall und Kessel und Wall und umliegenden Acker. Der Spitzwall scheint der Bebauung weniger ausgesetzt zu sein. Ein gutes Beispiel dafür bieten der Ringwall und sein vorgelagerter Spitzwall auf der Halbinsel Bniner See. Der Ringwall ist mit Getreide bestellt, während der Spitzwall unberührt dasteht und mit Gestrüpp bewachsen ist[26].

Es liegt die Vermutung nahe, diese Wahrnehmung auf einen geringeren Böschungswinkel der Ringwälle zurückzuführen. Die Übersicht aber beweist, daß diese Vermutung irrig ist. Ring- und Spitzwälle zeigen auch im Böschungswinkel keine erheblichen Unterschiede. Die meisten Aufschüttungen haben einen Böschungswinkel von 25°-45°. Das Mittel, 35°, ist mit seinen Grenzen 34°, 36° und 37° weitaus am meisten vertreten. Die ganz geringen Böschungswinkel sind wohl auch der fortschreitenden Einebnung zuzuschreiben. Sie finden sich in der Übersicht nur bei Ringwällen.

---

26 Siehe Abb. 32

Wenn auch die aus der Übersicht gewonnenen allgemeinen Schlußfolgerungen nur Bezug haben auf die aufgeführten Schanzen, so lassen sie sich ohne Zwang doch auch auf die ganze Provinz übertragen. Die Mannigfaltigkeit in den Maßenverhältnissen von 90 Wällen wird nicht wesentlich durch eine Erweiterung der Übersicht vermehrt werden. Zudem zeigt ein Vergleich der Übersicht mit den Maßangaben von Ringwällen in anderen preußischen Provinzen, im Freistaat Sachsen und in beiden Mecklenburg[27], daß auch in diesen Gegenden die Ring- und Spitzwälle die gleichen Größenverhältnisse zeigen, wie die der Provinz Posen. Auch vereinzelte Böschungswinkel sind angegeben. Sie sind ebenfalls den Böschungswinkeln der Posener Wälle gleich. So ist der Schluß berechtigt, daß die Ring- und Spitzwälle im östlichen Deutschland im wesentlichen die in der Übersicht angegebenen Maße aufweisen.

Das im Bilderanhang Abb. 40 stehende Querschnittsschema dient zur Veranschaulichung der vorkommenden Böschungswinkel.

V. Ursprung.

Die schon erwähnte volkstümliche Annahme, daß die Schweden die Erbauer der Ringwälle seien, ist in der Wissenschaft nie ernstlich erörtert worden. Ihr bedeutend höheres Alter stand von vornherein fest. Die genaue Zeitbestimmung der Aufschüttung unterlag aber verschiedenen Mutmaßungen. Schusters Ansicht war, daß der Name „Schwedenschanze“ entstanden und hergeleitet sei von „Suevenschanze“. Darum schrieb er die Erbauung der Ringwälle, den im östlichen Deutschland seßhaft gewesenen Sweben zu. Die Lausitzer Wälle besonders, betrachtete er als von Semnonen, einen swebischen Stamme, errichtet. So deutete er die Ringwälle als germanischen Ursprungs, im Gegensatz zu böhmischen Forschern, die alle Wälle den Slawen zuschrieben. Erst Virchow brachte durch seine eingehenden Untersuchungen Klarheit in den Streit der Meinungen und bewies,

27 Nach Behla, Die vorgeschichtlichen Rundwälle.

daß es eine sehr einseitige Auffassung sei, ein Volk als Erbauer der Ringwälle anzusehen. Seine Schlüsse zog er aus den gemachten Funden an Tongefäßen, Scherben, Bronzegegenständen, Steingeräten, Hacksilber, Knochen usw.[28]. Er fand in einigen Ringwällen Tongefäße und Scherben mit einem besonderen Ornament. Das war die Wellenlinie, die sich auch auf Tongefäßen fand, die aus feststehend slawischen Gräbern stammten. Er bezeichnete die so verzierten Scherben als vom slawischen „Burgwalltypus". Daneben fanden sich auch Ringwälle, die nicht dergleichen Tongefäße, oder Scherben bargen[29]. So kam er zu dem Schluß, daß die Wälle nur teilweise slawischen Ursprungs und daß die älteren Anlagen von Germanen erbaut worden seien. Behla hat dann auf Grund der Virchowschen Untersuchungen eine Einteilung in slawische, gemischt slawisch-germanische und rein germanische Ringwälle vorgenommen. Auch er hält die germanischen Wälle, ebenso wie Virchow (auf Grund der Funde) für die älteren Aufschüttungen und datiert ihre Entstehung in die Zeit von der Mitte des letzten Jahrhunderts vor Chr., bis zur Völkerwanderung. Die slawischen Wälle sollen in der Zeit vom 6.-11. Jahrhundert entstanden sein. Ihre Zeitbestimmung ist viel genauer. Hofmeister[30] setzt auch die Entstehung der slawischen Ringwälle von Lübeck und Umgebung in eben denselben Zeitraum. Man hat nach der Art der Funde bestimmen können, ob der Wall früh-, oder spätslawisch ist[31].

Germanisch-slawische Mischwälle hat Behla darum in seine Einteilung aufgenommen, weil sich Ringwälle fanden, in denen in gesonderten Schichten germanische und slawische Artefakte übereinander lagen. Das bewies die germanische Ursprünglichkeit des Walles und seine spätere Benutzung durch die Slawen.

Für die Provinz Posen haben Schwartz und Virchow an einer Reihe von Ring- und Spitzwällen den slawischen Ursprung nachgewiesen, so daß es

---

28 Namentlich die Kessel der Ringwälle erweisen sich als besonders reichhaltige Fundstätten.

29 Ringwall von Pinne, Kr. Samter.

30 H. Hofmeister, Diee Wehranlagen Nordalbingiens. Lübeck 1917.

31 Einen reichverzierten slawischen Scherben mit mehrfachen Wellenlinien zeigt die Abbildung 31 vom Funde bei Neuthal, Kr. Samter.

den Anschein hat, als ob die Mehrzahl der Posener Ringwälle slawische Erbauer gehabt hat. Doch harren noch die meisten der systematischen Untersuchung, so daß es immerhin nicht ausgeschlossen ist, auch in unserer Provinz vorslawische Wälle nachweisen zu können, zumal die Funde aus vorslawischer und neolithischer Zeit, die vielfach in der Nähe der Ringwälle gemacht werden, diese Vermutung zu bestätigen scheinen. Auch ist eine Nachprüfung der Funde, aus den von Schwartz und Virchow als slawisch bezeichneten Wällen nötig, weil die Wellenlinie nicht als „nur" slawisch angesprochen werden kann, da sie von Slawen und Deutschen in gleicher Weise von den Römern übernommen worden ist. Ihr Vorkommen auf Fundstücken ist darum allein nicht ausreichend genug, einen Ringwall unbedingt als slawisch zu bezeichnen, wie es Virchow getan hat.

VI. Zweck und spätere Nutzung

Schuster, der sächsische Generalstabshauptmann, sieht die Ringwälle vom militärischen Standpunkte aus an und erblickt in ihnen Verteidigungswerke und Signalstationen. Er überträgt sogar seine militär-technischen Ausdrücke auf die prähistorischen Wallanlagen, wenn er sagt „der nach außen gelegene höchste Teil des Walles heißt die Stirn", doch gibt er später zu, daß es nicht nur möglich, sondern auch wahrscheinlich sei, daß in friedlichen Zeiten und besonders in den größeren Wällen die Priester des Volkes ihre Sitze und Altäre aufgeschlagen hätten. Er räumt damit ein, daß die Ringwälle auch Kultuszwecken gedient haben könnten, eine Auffassung, die Behla vertritt und mit zahlreichen Gründen zu beweisen sucht[32]. Ihm tritt Virchow im wesentlichen zur Seite, doch hält dieser Forscher die größeren Wälle, namentlich wenn sie in schwer zugänglichem Sumpfgelände gelegen sind, für Zufluchtsorte der umwohnenden Bevölkerung in Zeiten der Not.

Schumacher teilt die Ringwälle ein in:

32 Behla, Die vorgeschichtlichen Rundwälle. S. 39ff

1. Fliehburgen,
2. Flußsperren,
3. Paß- oder Straßensperren.

Die Wälle unter 1. und 2. entstanden in der Späthallstattzeit beginnend, während die Wälle unter 3. meistens wohl erst in der Latènezeit erbaut wurden[33].

Hoffmann[34] glaubt, die ihm bekannten Ringwälle, als eine Linie von Stützpunkten, zum Schutze des Handelsverkehrs auf der großen Straße, die sich von Rügenwalde an der Ostsee, bis Kalisch in Russisch-Polen erstreckte und die schließlich in Carnuntum, dem alten Waffenplatz der Römer, endete, ansehen zu dürfen. Er nennt uns außer dieser Linie im Regierungsbezirk Bromberg bei folgenden Orten Ring-und Spitzwälle:

1. bei Wissek,
2. bei dem Dorfe Wolsko am rechten Ufer der Netze,
3. bei dem Dorfe Laskowo am linken Ufer der Netze, der Schanze ad 2 gegenüber, unfern der Stadt Samotschin,
4. bei der Stadt Margonin,
5. bei dem See unfern der Stadt,
6. bei dem Dorfe Zon,
7. bei dem Vorwerk Kobyletz (Kobylec), unfern der Stadt Wongrowitz,
8. bei der Stadt Lekno (Lukna, Lokenawe),
9. bei der Stadt Lopienno,
10. bei der Stadt Kletzko (Klecko),
11. bei dem Dorfe Lennagora; im See dabei Inseln mit uralten Schloßresten,
12. bei dem Dorf Lubowo,
13. bei der Stadt Zydowo (Setidawa, Sedawa).

Als auf Seitenlinien zu diesen liegend, gibt er dann noch Wälle an:

33 K. Schumacher, Beiträge zur Besiedelungsgeschichte des Hunsrücks, der Eifel und Westdeutschlands überhaupt. Prähist. Zeitschr. Bd. 8, S. 123/132, 1916.

34 Hoffmann, Verzeichnis sämtlicher Ortschaften des Regierungsbezirks Bromberg. Bromberg 1860.

14. bei dem Dorfe Gromaden, unfern der Stadt Nakel (Ascancalis a. d. Netze),

15. bei dem Dorfe Panigrodz, unfern der Stadt Exin,

16. bei dem Dorfe Krolikowo tief im Walde, unfern der Stadt Schubin,

17. bei dem Vorwerk Zamczysko (Schlößchen), unfern des Dorfes Osielsk bei Bromberg,

18. bei der Stadt Fordon an der Weichsel.

Seiner Meinung ist auch Schmidt[35], der die Hoffmannsche „Linie“ anführt. Auch Wuttke[36] hat diese „Linie“ übernommen. Über den Zweck dieser Ringwälle ist er allerdings anderer Ansicht. Er hält sie für eine Verteidigungslinie, angelegt gegen andrängende Feinde aus dem Westen. Schuster konstruiert auch eine Schanzenlinie, die sich vom Wartheknie bei Schrimm, bis zum Oderknie bei Fürstenberg erstreckte und sich dort an die Lausitzer Ringwälle anschloß. Nach seiner Meinung diente diese Linie dem Schutze gegen einen Feind im Osten. Das ist das Gegenteil von der Ansicht Wuttkes, von dessen Wällen Schuster augenscheinlich keine Kenntnis gehabt hat. Virchow sagt über diesen Widerstreit der Meinungen: „Die Art der Behandlung der Burgwälle von Posen schien mir, so oft ich mich an die Bearbeitung einzelner machte, ein ungemein warnendes Beispiel dafür abzugeben, was man mit einiger Romantik und einer guten Unterlage von Historie aus den Dingen machen kann.“ Er hat nachgewiesen, daß man in der Provinz Posen mit großer Leichtigkeit Wall“linien“ und -“systeme“ konstruieren könne. Das von ihm erwähnte Beispiel von der Moglinitza-Linie ließe sich heute noch ergänzen durch Linien an der Welna, Obra, Lutynia u. a. An solche „Linien“ dann Vermutungen über ihren Zweck anzuknüpfen, ist darum bedenklich, weil die Ringwälle eines solchen Systemes nicht der gleichen Periode angehören, also zu ganz verschiedenen Zeitpunkten erbaut worden sind und demnach wohl kaum dem

35 Schmidt, Der Kreis Flatow. Thorn 1860.

36 Wuttke, Städtebuch des Landes Posen. Leipzig 1877.

gleichen Zweck gedient haben werden. Nicht unerwähnt bleiben darf die Ansicht des königlichen Baurats Crüger[37] über den Zweck der Ring- und Spitzwälle. Er hält die ersteren für Wohnplätze und deutet die Spitzwälle als Leuchtfeuerorte, oder Pharen aus dem Feuerdienste der Parser und Assyrer. Wandernde griechische Heere haben sie überall an ihren Wegen errichtet. Daß Griechen die Erbauer waren, glaubt er aus der Entstehung vieler Ortsnamen im Regierungsbezirk Bromberg aus dem Griechischen schließen zu dürfen[38]. Die in der Provinz zahlreich vorkommenden kleineren Ringwälle mit breitem Graben und hohem, starken Wall, erinnern in ihrem Aufbau sehr stark an die nachkarolingischen Ringwälle Niedersachsens, die ihre Bauart der besseren Verteidigung gegen Sturmblock und Katapult zu verdanken haben und die Schuchhard[39] als die ersten mittelalterlichen Herrensitze deutet. Vielleicht sind auch in unserer Provinz ähnliche Herrensitze gewesen. Im übrigen lassen Größe und Lage der posener Ringwälle vermuten, daß die von Prof. K. Schumacher für Eifel und Hundsrück gefundene Einteilung (s.oben) sich ohne Zwang wohl auch auf ihre Verhältnisse übertragen lassen würde. Doch wird es noch eingehender Untersuchungen bedürfen, um über den ursprünglichen Zweck unserer Ringwälle feststehende, zufriedenstellende Ergebnisse zu bekommen, wenn solche überhaupt zu erlangen sein werden.

Für die Benutzung der Ring- und Spitzwälle zu Kultuszwecken spricht der Umstand, daß nach der Christianisierung auf manchen Ringwällen Kirchen, oder Kapellen erbaut wurden, eine kluge Maßregel, die, wie so manche andere dieser Art, geeignet war, den neuen Gläubigen den Übertritt zum Christentum zu erleichtern. Beispiele solcher Bauten hat die Provinz Posen mehrere aufzuweisen.Es seien hier nur erwähnt der Ringwall von Grodzisko bei Giec, Kr. Schroda, in dessen Kessel neben der Kirche, dem

37 G. A. Crüger, Über die im Regierungsbezirk Bromberg (Alt-Burgund) aufgefundenen Altertümer und die Wanderstraßen römischer, griechischer, gotischer und keltischer Heere von der Weichsel nach dem Rheine. Mainz 1872. S. 29-34

38 Eine gewagte Ableitung, der schon Zenkteler (s. Teil II, Kreis Ostrowo S. 40) mit gelindem Spott begegnet.

39 Oppermann-Schchhard, Atlas vorgeschichtlicher Befestigungen in Niedersachsen § 57-61. Hannover 1888-1916.

Kirchhof, dem Pfarrhause, sich auch noch Wirtschaftsgebäude befinden und der schon früher erwähnte Begräbnisplatz der jüdischen Gemeinde von Unruhstadt, Kr. Bomst. Funde von Leichenresten innerhalb eines Ringwalles sind nur in einem einzigen Falle nachgewiesen worden[40].

Spitzwälle sind in den späteren Zeiten die Träger von Schlössern geworden, wie der verbreitete Name „Schloßberg" kundgibt. Es stehen das Schloß Schubin, die Ruine des Starostenschlosses von Gollantsch, die Grodtürme von Schildberg und Boleslawice auf ursprünglichen Spitzwällen. Daß in neuerer Zeit auch eine Mühle von einem solchen erhöhten Standort Besitz ergriff, sieht man an dem „Mühlenberg" von Biechowo, Kr. Wreschen.

Schuchhard[41] nimmt an, daß die „Schloßberge" Ostdeutschlands von den Deutsch-Ordensrittern erbaut worden sind. Sie waren „die gelehrigen Schüler" der Normannen, die diese Baukunst von den Franken überkommen hatten. Die „typische Form" - viereckiger Hügel mit tiefem Graben und Wall – wird von Schuchhard ebenfalls als Herrensitz gedeutet. Gleicher Meinung ist Hofmeister[42] für die schon erwähnten „Bergfriede" in der Umgebung Lübecks.

Abgesehen davon, daß diese „typische Form" wohl vertreten, aber nicht allgemein ist für die Provinz Posen, - es fehlt häufig der Wall, manchmal auch beides, Wall und Graben – beweisen die gefundenen, zahlreichen slawischen Scherben, daß für unsere Provinz wohl nur Slawen als Inhaber dieser Spitzwälle in Betracht kommen. Auch sind Burganlagen bisher nicht aufgedeckt worden.

Selbstverständlich ist es nicht ausgeschlossen, daß die Ringwälle auch von den Schweden gelegentlich benutzt worden sind, wenn sich die Gelegenheit dazu bot.

40 Burgwall von Priment, Kr. Bomst. S. 31.

41 Oppermann-Schuchhard, Atlas vorgeschichtlicher Befestigungen (s. S. 3).

42 Hofmeister, Die Wehranlagen Nordalbingiens. S. 55.

VII. Lage und Dichtigkeit

Die Ring- und Spitzwälle der Provinz Posen liegen zum weitaus größten Teil auf niedrigem, moorigem, sumpfigem Boden. Sie finden sich sowohl in den Wiesen der Bach- und Flußtäler, als auch in den Verlandungsgebieten und auf den Inseln der Seen. An einigen, an Seen liegenden Ringwällen sieht man noch, daß ihre Unterlage in früheren Zeiten sicherlich auch eine Insel war[43]. Das Vorkommen der Ringwälle an den eben bezeichneten Örtlichkeiten ist so häufig, daß man bei Durchsicht der Meßtischblätter eine Karte mit Seen, Verlandungsgebieten und Flußniederungen als „ringwallverdächtig" bezeichnen kann und nur in wenigen Fällen in dieser Annahme betrogen wird.

In Wäldern versteckt, liegen nur verhältnismäßig wenige Ringwälle. Zudem ist nicht aus den Karten nachweisbar, ob die Forsten gleichaltrig sind mit den in ihnen liegenden Wällen, oder erst in späterer Zeit entstanden.

Die von anderen Provinzen gemeldete Eigentümlichkeit, daß sich in der näheren Umgebung der Ringwälle sehr häufig Gräberfelder finden, trifft auch für unsere Provinz zu. Auch bei uns sind die Ringwälle in vielen Fällen mit Gräberfeldern vergesellschaftet. Das von Behla angeführte Wort eines Ringwallforschers: „Das Vorkommen der Gräber in der Nähe der Rundwälle ist so konstant, daß ich nach Gräbern suchte, wenn ich Burgwälle gefunden und nach Burgwälle suchte, wenn ich das Vorkommen dieser Gräber konstatiert hatte", läßt sich sehr wohl auch auf die Provinz Posen anwenden. Eine Untersuchung der Ringwälle auch nach dieser Richtung hin, wird sicher nach manches wichtige Ergebnis zeitigen.

Besonders aber, ist der Untersuchung wert, der Nachweis von Pfahlbauten in der Nachbarschaft von Ringwällen. An zwei Stellen sind in der Provinz derartige Nachweisungen schon gemacht worden. Es sind dies Pfahlbauten in See von Czeschewo, Kr. Wongrowitz, an dessen Ufern zwei Ringwälle liegen, und ebensolche im See von Jankowo, Kr. Moglino, an dem ebenfalls ein Ringwall liegt. Eine gewisse Vorsicht ist jedoch bei der-

---

43 Z.B. der Spitzwall am See von Pinne, Kr. Samter.

artigen Untersuchungen notwendig, weil nicht ohne weiteres aus dem Vorhandensein von Pfählen auf Pfahlbauten geschlossen werden darf. Oft sind sie nur Reste von Brücken, die den im Sumpf liegenden Wall mit dem festen Boden verbanden[44]. Andererseits ist von den Ringwällen in der Nähe schweizerischer und südwestdeutscher Pfahlbauten nachgewiesen, daß die Pfahlbauer bei ihrer Übersiedelung auf das feste Land, diese Anlagen geschaffen haben. Durch sorgfältige, umfangreiche Spatenarbeit ist vielleicht auch für die Provinz Posen – und damit für Ostdeutschland – diese Feststellung zu machen. Für Pommern ist die Verbindung von Ringwall und Pfahlbauten schon nachgewiesen worden[45] und Virchow[46] nimmt für dieses Gebiet an, daß „ein großer Teil unserer Burgwälle synchronisch mit den Pfahlbauten unserer Seen ist".

Was die Dichtigkeit der Ringwälle in der Provinz Posen anlangt, so finden sich links von der Warthe mehr Wälle, als rechtsseitig. Ohne auf eine besondere „Linienbildung" einzugehen, kann man hier vom Bartschbruch im Süden einen fortlaufenden Gürtel von Ringwällen, bis zum Obra-Bruch hin feststellen. In dem Viereck, gebildet von der Warthe als Grenze im Osten und Norden, der Provinzgrenze im Westen und dem Obrabruch im Süden, treten die Ringwälle am häufigsten auf. Namentlich ist es der Lauf der Mogilnitza, der von Ringwällen und Grabstätten umsäumt ist, wie es schon Virchow feststellen konnte, der die Wälle dieser Gegend einer eingehenden Untersuchung unterzog. Rechts von der Warthe zieht sich das hauptsächlichste Ringwallgebiet bei Posen und dem Tal der Moskawa beginnend, bis zur oberen Netze hin.

Während Obrabruch und Bartschbruch mit Ringwällen reich besetzt sind, ist das Netzebruch erstaunlich arm an solchen Aufschüttungen. Nur bei Wissek und Wolsko, Kr. Wirsitz, gegenüber bei Seefeld, Kr. Kolmar, bei Usch, Kr. Kolmar und bei Guhren, Kr. Czarnikau, haben sich Ringwälle feststellen lassen. Drei von diesen Wällen liegen aber nicht im eigentlichen Netzebruch, sondern auf den begrenzenden Höhen, so daß das

44 Ringwall von Grodzisko bei Giec, Kr. Schroda; Piasteninsel im Lettberger See.
45 H. v. Diest, Zur Geschichte der Urzeit des Landes Daber. Stettin 1904,
46 Virchow, Zeitschr. f. Ethn. Bd. 1, S. 411/412, 1869.

Netzebruch nur einen Ringwall besitzt, wenn man den Johannisberg bei Usch nicht als Spitzwall auffaßt, sondern ihn als Hügelgrab betrachtet, was er den Funden nach gewesen zu sein scheint. Ob diese Erscheinung in einer damaligen Ungeeignetheit des Bruchgebietes für die Besiedelung seinen Grund hat, wage ich nicht zu behaupten, da aus der neolithischen, der Hallstatt-, Latène- und römischen Zeit Funde gemacht worden sind.

Es trifft auch besonders für die Provinz Posen zu, was Schuster über die Lausitzer Wälle sagt: „Regellos sind die Rundwälle verteilt, oft mit meilenweiten Abständen, oft nur Viertelstunden von einander entfernt."

Im allgemeinen läßt sich sagen, daß die fruchtbaren, wasserreichen Gebiete der Provinz mit Ringwällen besetzt sind. Das magere Dünengebiet des Zwischenstromlandes weist keine Wälle auf. Die große Zahl der Rund- und Spitzwälle beweist im Verein mit mit den vielen Gräberfeldern, daß die die Provinz Posen schon in prähistorischer Zeit reich besiedelt gewesen sein muß.

Wie es die nach Behla entworfene Übersichtskarte erkennen läßt, ist es auch nicht möglich, die Ringwälle der Provinz Posen mit denen der umliegenden Provinzen in ein System zu bringen. Regellos ist auch in den anderen Provinzen die Verteilung der Ringwälle. Die Lücken der Karte sind durch nachträgliche Auffindung weiterer Wälle mittlerweile zum Teil ausgefüllt. So soll die Provinz Schlesien, für die Behla 152 Wälle angibt, über 300 derselben aufweisen. Zieht man die von ihm ermittelten Wälle der übrigen Gebiete des östlichen Deutschlands zum Vergleiche heran, so steht die Provinz Posen mit rund 200 Ringwallorten an dritter Stelle unter zehn aufgeführten Landesteilen.

VIII. Schlußbemerkung.

Die vorangehenden Ausführungen beweisen, daß die Zahl der Ringwälle in der früheren Provinz Posen bedeutend größer ist, als man gewöhnlich anzunehmen geneigt ist. Sicherlich sind noch bedeutend mehr

Aufschüttungen vorhanden gewesen; viele von ihnen sind im Laufe der Zeit abgetragen worden. Die zahlreichen Namen von Ortschaften, die die Stammsilbe „grod", „grad, „rad" enthalten, weisen, wie schon gesagt wurde, darauf hin. Der Bestand der heute vorhandenen Wälle schwebt ständig in der Gefahr, vernichtet zu werden, zum Teil hat die Abtragung schon eingesetzt. Es war ein dankenswertes Vorgehen der Königlichen Ansiedelungskommission, daß sie alle in ihren Besitzungen aufgefundenen Wälle untersuchen ließ und sie dann einhegte, um sie vor der Vernichtung zu bewahren. Seitdem der polnische Staat das Gebiet der Provinz übernommen hat, ist wenig Aussicht vorhanden, daß eine eingehende, gründliche Durchforschung der zahlreichen Wälle vorgenommen wird, um über ihre Entstehung, Benutzung und Bewohner zu sicheren, einwandfreien Ergebnissen zu kommen. Zwar befindet sich das seinerzeit von Dr. Blume gesammelte Material noch im Museum in Posen, ob aber dem derzeitigen Direktor Dr. Josef Kostrzweski vom polnischen Staate die Geldmittel zur Verfügung gestellt werden, um auf der Grundlage dieses Materials weiter zu arbeiten, darf billig bezweifelt werden.

B. Besonderer Teil.

Zusammenstellung der Ring- und Spitzwälle in der Provinz Posen.

Dazu im Anhang 1 Übersichtskarte im Maßstab 1:1500000 und 1 Spezialkarte der Spitzwälle von Ludwigshöhe bei Moschin, Maßstab: 1:2500, nebst Skizzen und Abbildungen.

Die Aufstellung der Ring- und Spitzwälle erfolgt in alphabetischer Reihenfolge der Regierungsbezirke, Kreise und Ortschaften. In der Karte sind die vorhandenen Wälle als Kreis, die abgetragenen, als gekreuzter Kreis eingetragen. Die Bezeichnung der Wälle geschieht mit den auf den Meßtischblättern gebrauchten Namen. Bei unbezeichneten Wällen ist der wissenschaftliche Name eingesetzt. Die Schreibweise der Ortsnamen richtet sich nicht nach den Meßtischblättern, sondern nach dem Gemeindelexikon für das Königreich Preußen, Heft V, Provinz Posen und nach Graber und Ruppertsberg: Verzeichnis der Ortsnamenänderungen in der Provinz Posen[47].

I. Regierungsbezirk Bromberg.

Land- und Stadtkreis Bromberg.

1. Kaiser Wilhelm-Schanze und 2. Ringwall Stary Dwor bei Crone a. B. Beide liegen am westlichen Ufer, etwa 50 m über dem Brahespiegel und 107 m resp. 109 m über dem Meere. Zwischen beiden Ringwällen befindet sich eine Schlucht, in der ein kleiner Zufluß der Brahe zuströmt. Stary Dwor ist bewaldet, ein abgeschnittenes Stück trägt den Kirchhof von Alt-

47 Posen 1912.

hof. Maße der Kaiser Wilhelm-Schanze: Umfang 150 m, schräge Höhe des äußeren Walles 2 m, schräge Höhe des Kegels 5 m, innerer Durchmesser 32 m, Böschungswinkel 40°. Der Kegel ist stark angeschnitten. Der Ringwall Stary Dwor hat einen Umfang von 500 m und einen Durchmesser von 140-160 m. Literatur zu letzterem: Schemel, Der Burgberg Stary Dwor bei Crone an der Brahe. Jahrbuch der historischen Gesellschaft für den Netzedistrikt 1897, S. 33 bis 36. Mit Karte. Meßtischblatt 1260. Jahr 1911.

3. Schwedenschanze von Fordonnek. Dieser große halbmondförmige Ringwall ist am Steilufer der Weichsel gelegen, nordöstlich von Fordonnek. Sein Umfang beträgt am Grunde des äußeren Walles 280 m, der Durchmesser 90 m. Der äußere Ring hat etwa 16 m, der Kegel 19 ½ m schräge Höhe, gemessen am trigonometrischen Punkt. Die senkrechte Höhe des äußeren Ringes beträgt 10 m, die des Kegels 12 m, der Böschungswinkel 35°. Im Oktober 1889 ist der Wall untersucht von Dr. Erich Schmidt, Archivar der historischen Gesellschaft für den Netzedistrikt. Danach besteht der äußere Wall aus Sand. Im Graben stieß man sofort auf Wasser. Innerhalb des inneren Ringes lag auf dem Rande des gewachsenen Bodens überall eine graue Aufschüttung von 1,5 – 2,5 m Mächtigkeit, aus verschiedenen mit Asche und Kohlenstücken durchsetzten Schichten bestehend: Nach N war der innere Ring auf der Krone durch den Steinkranz verstärkt. Gefunden wurden slawische Scherben mit charakteristischen Wellenornamenten, Fischschuppen, Knochenreste von Haustieren, ein Hirschhornstück, aus Eisen: ein Sporn, ein Messer, Nägel u. a. Ein Eingang, wohl aus späterer Zeit führt von W in die Anlage hinein. An dieser Seite ist der Wall gegenwärtig schon erheblich abgetragen. Der Kegel hat an der Nordwestseite einen langen, tiefen Einschnitt von ungefähr 3 m Sohlenbreite, so daß das südlich abgetrennte Stück fast wie der Rest eines zweiten inneren Ringes erscheint. Augenscheinlich ist die Anlage früher ein vollständig kreisrunder Ring gewesen, von dem die Weichsel die Hälfte weggerissen hat. Diese Annahme beweist der Wallgraben, der im S ein Stück über das übrige Steilufer hinaus gegen die Weich-

sel vorspringt. Ähnliche Arbeit vermutet H. Lehner von dem Rhein an der neolithischen Erdfestung bei Urmitz im Neuwieder Becken[48]. In späterer Zeit stand auf dem Ringwall die Burg Wischegrot (lat. Wischerat), deren Eroberung durch die Deutschherren Nicolaus von Jeroschin (1335-1341) besingt[49]. Slawische Funde im Bromberger Museum. Literatur: A. Kohn in der Bromberger Zeitung 1880. Zeitschr. f. Ethnologie 1890. Meßtischblatt 1427. Abb. 1.

4. Schloßberg von Pawlowke, zwischen Chaussee und Bahndamm. Meßtischblatt 1426 verzeichnet ihn nicht. Untersucht wurde er von Dr. Kothe, Bromberg. Er ist durch eine Sandgrube des Besitzers und 1914 durch einen Schützengraben sehr stark abgeschnitten worden. Auch trägt der Besitzer neuerdings die obere Erdschicht ab, um in der darunter befindlichen Brandschicht, die etwa 30 cm stark ist und viele Scherben, mit und ohne Verzierung birgt, zu ackern. Dadurch ist die ursprüngliche Gestalt völlig verloren gegangen. Slawische Funde im Bromberger Museum. Auf benachbarten Kuppen machte Dr. Kothe neolithische und germanische Funde. Sage: Im Schloßberge ist eine verwunschene Prinzessin. Der alte Musolf aus Grünberg sah auf dem Wege nach Bromberg plötzlich ein helles Licht vor sich. Er ging darauf zu und kam an ein großes Schloß, das dort stand, wo jetzt der Schloßberg sich befindet. Aus der Tür trat ihm eine schlanke Gestalt entgegen, die ihn bat, sie zu erlösen. Musolf erklärte sich dazu bereit und die Prinzessin sagte ihm nun, daß er sie dazu 3 Treppen im Schlosse hinauftragen müsse. Er dürfte sie aber nicht fallen lassen, was auch immer kommen möge. Allerlei Getier werde ihm begegnen, das müsse er küssen, das sei für die Erlösung erforderlich. Um ihm diese heikle Aufgabe zu erleichtern, hielt ihm die Prinzessin jedesmal ein sauberes Taschentuch vor den Mund, so daß er durch dieses Tuch hindurch die Küsse austeilte. Glücklich kam er mit seiner holden Last die Treppen hinan. Da, als er fast die letzte Stufe erreicht hatte, hopste

48 H. Lehner, Der Festungsbau der jüngeren Steinzeit. Prähist. Zeitschr. Bd. 2, S. 9/10, 1910

49 Dr. Franz Lüdtge, Die Zerstörung der Burg Wischegrot (Fordon bei Bromberg) in der Chronik des Nicolaus von Jeroschin.Aus dem Posener Lande. Jahrg. 4, 1909, S. 328/330.

eine große, häßliche Kröte ihnen entgegen und begehrte auch geküßt zu werden. Bei ihrem plötzlichen Anblick erfaßte ihn ein solcher Schrecken, daß er die Prinzessin zur Erde fallen ließ. In diesem Augenblick versank das Schloß mit solchem Getöse, als wenn alles in Splitter ginge. „Verloren, verloren! Auf ewig verloren!" hörte Musolf noch die versinkende Prinzessin aufschreien - dann war der Spuk verschwunden. Mitgeteilt von Frau Seefeld – Pawlowke.) - Eine andere Leseart berichtet, daß zur Erlösung der Prinzessin jemand zwölfmal um den Schloßberg herumlaufen müsse. Dann erschiene eine Schlange, wände sich um den Kühnen und frage ihn, ob es ihm Ernst sei mit seinem Beginnen. Auf Bejahung teile sie ihm von ihrem Gifte mit und er könne daraufhin in das Schloß. Drinnen könne er sich dann alles wünschen, was er begehre, es werde ihm alles zuteil werden. (Nach Janz – Pawlowke[50])

5. Spitzwall von Ober-Strelitz. Er liegt nordöstlich vom Ort auf einem zum Weichseltal landzungenartig vorspringenden Höhenrücken. Nach N setzt ein künstlicher Einschnitt den Wall gegen den übrigen Höhenrand ab. Auf ihn paßt augenfällig die Beschreibung, die Schliz im Röm.-Germ. Korrspbl. II, 1909, Nr. 2, S. 17ff. Von dem „Wartberg bei Heilbronn" gibt: „Die gegen das Neckartal vorspringende Hochfläche des Berges ist durch einen tiefen Graben im vordersten Teil scharf abgeschnitten, so daß hier eine länglichrunde, nach allen Seiten steil abfallende, durch Graben und Steilhang geschützte eirunde Fläche abgesondert wird." Die zum Bau nötige Erde nahm man südlich von ihm fort. Nach der Sage soll auch er von den Schweden in ihren Mützen zusammengetragen worden sein. Seine Gestalt ist viereckig mit abgerundeten Ecken. Maße: Umfang 120 m, schräge Höhe 15-19 m, relative Höhe über der Hochfläche 6 m, Böschungswinkel S 25°, O, W und N 45°. Auf dem Rande des gewachsenen Bodens humose Erde mit viel Holzkohlenresten. Gefunden wurden Urnenscherben, die sich in Bromberg in Privatbesitz befinden. Da trigono-

50 Eine Sage ähnlichen Inhalts findet sich in E. Hollack, Erläuterungen zur vorgeschichtlichen Übersichtskarte von Ostpreußen. Glogau-Berlin. Flemming 1908, S. LXXIX.

metrischer Punkt, ist der Wall gut erhalten und der Abtragung nicht ausgesetzt. Volkstümlicher Name: Blocksberg. Meßtischblatt 1347. Jahr 1904/06.

6. Der Schloßberg von Thalheim liegt etwa 1 km östlich der Danziger Chaussee am Nordrande des Urstromtales. Gefunden wurden Scherben aus grobem, grauem Ton, auch mit Henkelresten. Slawische Funde im Bromberger Museum. Literatur: Schwartz, Materialien 1880, S. 15 nach Hoffmann, Verzeichnis usw. Meßtischblatt 1427.

7. Ruine der Burg Bydgoszcz in Bromberg. Sie lag auf einem slawischen Ringwall am rechten Braheufer. Abbruch 1895. Bei dem Abbruch der Burgruinen fand sich 5 m unter der Oberfläche ein Urtier-Schädel (Bos primigenius Boj) und eine größere Zahl von Hirschgeweihstangen[51]. Literatur: Professor Dr. E. Schmidt, Die Burg Bydgoszcz-Bromberg. Aus dem Posener Lande. Jahrgang. 5, S. 347, 1910. Lichtbild im Verlag von O. Eulitz-Lissa. Meßtischblatt 1427. Jahr 1876/78.

8. Ringwall auf der Schwedenhöhe bei Bromberg. Auf dem Meßtischblatt 1427, Jahr 1876/78 ist ein Ringwall nicht verzeichnet. Die Vermutung des Verfassers, daß auf dem Südrande des Braheufers ein Ringwall gelegen haben müsse, wurde ihm durch den Seminar-Oberlehrer Reddin, einem geborenen Bromberger, bestätigt, der ihn versicherte, in seiner Jugend in einer Schwedenschanze (Ringwall) auf dem Windmühlenberge auf Schwedenhöhe gespielt zu haben. Erst bei der Bebauung des Windmühlenbergs sei der Wall abgetragen worden.

Kreis Czarnikau.

1. Der Ringwall von Guhren. Nördlich der Netze sind im Bruch noch die Reste eines Walles zu erkennen. Literatur: Schwartz, Materialien 1880,

---

51 Prof. Dr. A. Nehring, Ein Urtierschädel von der Burg in Bromberg. Wild und Hund. Jahrg. II, 1896, S. 802-804.

S. 15. Meßtischbl. 1641.

2. Spitzwall von Lubasch (früher Lubosz). Im Parke zwischen Kirche und Gut gelegen, nahe dem See. Bei Nachgrabungen wurden zerfallene Urnen und einige Knochenreste gefunden. 2 Urnen befinden sich in der Kirche. Bezeichnung im Volk: Schöner Berg. Meßtischblatt 1642.Jahr 1890/98.

Kreis Filehne.

1. Ringwall von Miala. Im südlichen Teil des Ortes liegt der halbmondförmige Wall an einer Straßenkreuzung. Nachgrabungen haben nicht stattgefunden. Er besteht aus Sand, in den oberen Schichten mit Humus gemengt. Nach der Querschnittsskizze scheint ein Vorwall vorhanden zu sein. Die Sage von der Gründung Mialas bezieht sich auf diesen Wall. Jetzt ist er zum Teil abgetragen, daher wohl die halbmondförmige Gestalt. Der Rest des Walles ist mit Kiefern, Espen, Birken, der Kessel mit Hasel- und Rosensträuchern bestanden. Meßtischblatt 1640.

2. Kirchhof (Khf) von Prossekelmühle. Liegt auf einem Spitzwall am rechten Ufer des Kuhlbarsch. Nachgrabungen fanden nicht statt. Maße: Länge: 46 m, Breite: 10-17 m, schräge Höhe: 20 m. Material des Walles: Kies und Sand. Wird seit erdenklichen Zeiten als Friedhof benutzt. Meßtischblatt 1567. Jahr 1891.

Kreis Gnesen.

1. Der Ringwall von Birkenrode (fr. Dembnica) am Bach und See gelegen. Es steht jetzt eine Kirche darauf mit Kirchhof. Meßtischblatt 1861.

2. Schwedenschanze von Gnesen. Liegt östlich der Stadt, am Ende des Parks. An der einen Seite führt ein Bahndamm hart vorüber, die anstoßende Seite wird als Kugelfang für den Scheibenstand benutzt. Ein Ring ohne Graben. Eingänge befinden sich im Osten und Westen. Maße:

Umfang 200 m, senkrechte Höhe: 8 m, schräge Höhe: 15 m, Durchmesser: 30 m, Tiefe des Kessels von der Wallkrone: 2 m, Böschungswinkel 30°. Meßtischblatt 1862.

3. Spitzwall von Imiolki. Er liegt am Nordwestufer des Lendnitza-Sees. Die nächstgelegenen Ringwälle liegen auf den südlicher gelegenen Inseln im See und bei Moraczewo. Literatur: Schwochow: Ruine Ostrow. Aus dem Posener Lande. Jahrg. 1, 1906/07, S. 22. Meßtischblatt 1861. Jahr 1887/89.

4. Kirchhof (Khf.) von Kletzko (fr. Klecko), nördlich des Ortes, rechts von der Chaussee. Maße: Umfang: 150 m, Durchmesser: 50 m, schräge Höhe: 3 m, senkrechte Höhe: 2 ½ m, Böschungswinkel: 35°. Literatur: Schwartz, Materialien 1880, S. 15 nach Hoffmann, Verzeichnis usw. Meßtischblatt 1789.

5. Ringwall von Liebau (fr. Lubowo). Schwartz, Materialien, verzeichnet ihn nach Hoffmann, Verzeichnis usw. Er ist auf einer Wiese am Dorfe gelegen. Meßtischblatt 1798.

6. Schwedenschanze von Moraczewo. Dieser große Wall liegt nordöstlich des Ortes. Er ist weit sichtbar, schon aus der Nähe von Pudewitz. Neben dem Wall liegt ein Haus, das an Höhe sich mit dem Wall nicht messen kann. Form: länglich-viereckig mit abgestumpften Ecken. Der Wall hat durch Beackerung seines Kessels schon gelitten, so daß man nicht entscheiden kann, ob ein Eingang hineingeführt hat, oder nur der Wall an dieser Stelle abgepflügt ist. Reste eines Grabens, der den Wall früher umgab, sind noch vorhanden im N und W. Äußerlich ist durch die Beackerung heute eine Zweiteilung entstanden. Der Grund des inneren Kessels liegt etwa 3 m tiefer als die Wallkrone (s. Skizze und Abbildungen). Sagen in Knoops Sagensammlung. Über Funde nichts bekannt. Maße: Länge des Kessels N-S: 60 m, Breite des Kessels W-O: 4 m, senkrechte Höhe: 9 m.

Meßtischblatt 1861. Abb. 2-4.

7. Spitzwall von Talsee (fr. Jankowo). Östlich des Dorfes liegt im Tale der Welna, nördlich des Jankower Sees, im moorigen Verlandungsgebiet ein Rest von einem Spitzwall. Sein Material besteht aus einem grauen Gemisch von Sand, Asche und Moorerde, ist locker und feinkörnig. Durch Anlage von Kartoffel- und Rübenmieten an den Außenseiten des Walles ist dieser so in seinem Umfang, der augenscheinlich früher das Doppelte betrug, beschnitten worden, daß er nur mehr 48 m beträgt. Vielleicht hat der Wall in späterer Zeit ein Gebäude getragen; denn es fanden sich an seiner Ostseite Backsteine gotischer Größe. Am Südende fanden sich slawische Scherben, Knochen und ein glasierter mittelalterlicher Scherben. An diesem Südende hat noch bis vor 10 Jahren eine Eiche gestanden. Anzunehmen ist, daß dieser Wall ursprünglich auf einer Insel errichtet wurde. Meßtischblatt 1863. Jahr 1897/1904.

Kreis Hohensalza.

1. Ringwall von Eigenheim (fr. Gonsk). Nach Schwartz, Materialien 1880, S. 15 soll sich südlich von diesem Ort ein Ringwall befinden.

2. Alter Ringwall von Groß-Koluda. Liegt im Netzetal am rechten Ufer des Flusses an einem Umlaufhügel, nordöstlich des Ortes. Literatur: Schwartz, Materialien 1880, S. 15. Meßtischblatt 1721. Jahr 1888/1907.

3. Ringwall von Koscielec. Im Parke des Gutes, liegt nördlich des Sees, ein halbmondförmiger Ringwall mit Graben; die offene Seite ist dem See zugewandt. Schwartz hat den Wall untersucht und fand in einer Ecke im Innern Reste eines Pflasters. Literatur: Schwartz, Materialien 1880, S. 15. Meßtischblatt 1721. Jahr 1888 bis 1907.

4. Ringwall bei Kaisertreu (fr. Dzwierschno). Zwischen dem Ort und der Katharinenkapelle liegt ein eckiger Wall, dessen nach SO gekehrte

Seite offen ist. Maße: Umfang: 104 m, senkrechte Höhe : bis 2 m, schräge Höhe: 8 m, Böschungswinkel: 17°. Ohne Nachgrabung hat man angeblich menschliche Knochen gefunden, die aber abhanden gekommen sind. Der Wall wird jetzt als Weide benutzt. Meßtischblatt 1651.

5. Alte Schanze bei Ostrowo. Sie liegt südlich des Gutes an der Ostseite des Sees, im Verlandungsgebiet. Länglicher, in der Richtung NW-SO liegender Ring ohne Eingang. Meßtischblatt 1653.

6. Spitzwall von Prybyslaw. Die Höhe 100,4 südlich des Dorfes ist ein slawischer Spitzwall. Maße: Umfang: 40 m, schräge Höhe 7 m, senkrechte Höhe: 4 ½ m, Böschungswinkel: 40°. Der Wall wurde durch das Kreismuseum zu Hohensalza einer Untersuchung unterzogen. Man fand Scherben und gut erhaltene Skelette, die sich im genanntem Museum befinden. Jetzt ist der Hügel verfallen und geht der Vernichtung entgegen. Meßtischblatt 1724/1908.

7. Alte Schanze von Scharley. Der Ringwall liegt auf einer Halbinsel am Scharley-See, dem Orte gegenüber. Da der Wall auf einem Grunde von 78 m steht, so beträgt seine relative Höhe 10 m. Der Kronenumfang des inneren Kegels beträgt 115 m. Früher hatte der Ring einen Vorwall. Schwartz hat den Wall untersucht und nennt einen hohen Burgwall. Nach seiner Angabe liegt er noch auf einer Insel und hatte doppelten Graben. Literatur: Schwartz, Materialien 1880, S. 15. Neuke, Eine Schwedenschanze. Aus dem Posener Lande. Jahrgang 7, S. 325, 1912. Meßtischblatt 1722. Jahr 1888 bis 1904.

Kreis Kolmar.

1. Ringwall von Margonin. Der Wall liegt im Schanzenwald, südlich der Stadt, mit der offenen Seite am Seeufer. In der Mitte des Kessels erhebt sich ein Kegel. Der Ringwall ist etwa 2 km von Margonin entfernt und liegt am Waldesrande, am großen Margoniner See. Vor dem Haupt-

walle liegt ein Vorwall. Der Umfang auf der Krone beträgt 34 m. Der Durchmesser des Kessels von Osten nach Westen beträgt 17 m und von Süden nach Norden 11 ½ m. Die schräge Höhe von der Außenseite ist 14 m und die senkrechte Höhe 12 m. Im Osten ist ein Eingang vorhanden, derselbe ist 4 ½ m breit. Um den Ringwall ist ein 14 m breiter Graben gelegt, der aber kein Wasser mehr führt. Der Umfang desselben beträgt 130 m. Der Böschungswinkel ist 45° groß. Funde sind bisher nicht gemacht worden.

Sage: Die Schweden hatten die Schanze erbaut, und zwar im 30jährigen Kriege. Sie wollten hier die kommenden Feinde abfangen. Ein Schwede verriet aber alles, weil er auf große Belohnung hoffte. Nun gelang es den Feinden die Stellung einzunehmen. Die erhoffte Belohnung erhielt der Verräter von den Feinden aber nicht. Aus Wut hierüber versuchte er die Gefallenen auszuplündern. Doch plötzlich fiel er um und konnte sich nicht mehr fortbewegen. Nun kamen Geier angeflogen und zerhackten ihm sein Gesicht, weil sie meinten er sei tot. Durch eine herumziehende Wache wurde später alles aufgedeckt. Wenn jemand im Orte stirbt, so soll der Geächtete an das Fenster des Hauses klopfen; denn er hat keine Ruhe im Grabe. Sage siehe auch in Knoop, Ostmärkische Sagen, Märchen und Erzählungen. Lissa 1909, S. 5. Literatur Schwartz, Materialien 1880, S. 15 nach Hoffmann, Verzeichnis usw. Meßtischblatt 1574/1888.

2. Spitzwall von Margonin. Am nordöstlichen Zipfel des Margoniner Sees liegt im Verlandungsgebiet ein Spitzwall, der heute eine Kapelle trägt. Literatur: Wie Nr.1.

3. Der Ringwall von Seefeld (fr. Laskowo). Am Karpfenteich südlich des Dorfes liegt ein Ringwall, den man früher als evangelischen Kirchhof benutzte. Er tritt hart an den See heran (s. Abb. 5). Maße: Unterer Umfang 300m, Umfang der Krone 200 m, senkrechte Höhe 23 m, schräge Höhe 27 m, Böschungswinkel 35°. Es ist eine kreisrunde Aufschüttung, ohne Graben, aber mit 5 m breitem Eingang von W. Vielleicht ist dieser Eingang

aber erst entstanden, als der Ringwall zum Kirchhof wurde. Der Napf im Ringwall hat eine Tiefe von 1 ½ m. Der Teich umfaßt den Wall fast bis zur Hälfte. Im Volksmunde hieß der Wall „Schwedenschanze". Sagen sind nicht bekannt. Gefunden werden häufig Kohlenreste und verkohltes Holz, dagegen keine Artefakte. In der Umgegend finden sich häufig Urnen des slawischen Typus. Literatur: Schwartz, Materialien 1880, S. 15 nach Hoffmann, Verzeichnis usw. Behla führt den Wall zweimal auf, einmal unter Chodziesen und das andere Mal unter Kolmar: Lichtbild im Verlag von O. Eulitz-Lissa, Meßtischbl. 1501. Jahr 1876/1900.

4. Der Johannisberg bei Usch. Im Netzebruch lag nördlich des Ortes am rechten Ufer der Küddow ein Spitzwall, der leider 1912 abgetragen worden ist. Es war der bisher einzige Wall im Netzebruch und bestand aus sandiger Moorerde, in der sich Feldsteine vorfanden. In den oberen Schichten fand man Knochen und Gerippe (zwei Schädel davon besitzt die evangelische Schule in Usch), in den tieferen Schichten traf man auf zerfallene Urnen[52]. Maße: Umfang betrug 300 m, senkrechte Höhe 5-6m, schräge Höhe 8 m. In der Stadt Usch liegt die Kirche auf einer aufgeschütteten Erhöhung. Dies war früher der Burgplatz. Vielleicht ist dieser Platz auch ein ehemaliger Spitzwall. In der Nähe der Stadt befindet sich ein großes Urnenfeld[53]. Meßtischblatt 1499. Jahr 1876/91.

5. Ringwall von Wilhelmstreu (fr. Zon). Nach Hoffmann: Verzeichnis sämtlicher Ortschaften usw. soll sich hier ein Ringwall befunden haben. Schwartz hat ihn nicht untersucht, nur nach Hoffmann angegeben. Meßtischblatt 1574. Jahr 1888 weist keine Schanze nach. Wohl aber liegt hier ein auf dem Meßtischblatt ebenfalls nicht verzeichneter Spitzwall, dessen Kronenumfang 63 m beträgt. Die senkrechte Höhe wurde mit 6 m gemessen; der Böschungswinkel ist 45° groß. Es führt kein Graben herum. Da der Spitzwall im Probsteigarten liegt, hat ein früherer Probst ihn oberfläch-

52 Die Funde geben die Berechtigung, den Spitzwall als Hügelgrab anzusehen.
53 Bei Wilhelmshöhe. Beschreibung derselben in Mannus Bd. 5, S. 319/324, 1913 und Bd. 6, S. 202/209.

lich umgraben lassen; Funde wurden dabei nicht gemacht.

Kreis Mogilno.

1. Ringwall von Jankowo. Auf der Insel im Pakosch-See, die dem Park von Jankowo gegenüber liegt, hat sich ein Ringwall befunden. Es war ein Ring mit einem Kegel im Kessel. Gefunden wurden Urnenstücke, Werkzeuge und Geräte aus Knochen, Hirschhorn, Eisen und Bronze und der Kopf eines hölzernen Götzenbildes. Die Scherben gehören der jüngeren slawischen Zeit an. Doch sind einige gefundene Gefäße und Bronzegegenstände bedeutend älter, und ein paar Werkzeuge aus Hirschhorn stammen wohl aus der jüngsten Steinzeit[54]. Angenommen wird, daß der Kegel in der Mitte als Begräbnisplatz vorhanden war und nachträglich mit einem Wall versehen wurde. Im See finden sich Reste von Pfahlbauten. 5 km nordöstlich von diesem Wall liegt der Ringwall von Kosielec und 7 km südöstlich, am Oberlauf der Netze, der Ringwall von Groß-Koluda. Literatur: Zeitschrift f. Ethn. 1881, S. 519/520. Dr. Haupt, Der Kopf von Jankowo. Aus dem Posener Lande. Jahrg. 4, S. 313, 1909. Meßtischblatt 1721. Jahr 1888/1907.

2. Schwedenschanze von Kaminiec. Auf einer Halbinsel des östlichen Ufers vom Kaminiecer-See, schräg nordöstlich dem Gut gegenüber, liegt im Laubwalde ein fast kreisrunder Wall. Die Westseite hat Steilabfall zum See. Meßtischblatt 1864. Jahr 1887/98.

3. Ringwall von Kunowo. Südlich des Gutes liegt in der Netzeniederung ein halbmondförmiger Wall mit der offenen Seite nach Norden. Ein Teich mit einer kleinen Insel befindet sich innerhalb des Ringes. An der Ostseite finden sich noch Reste eines Grabens von 6 m Sohlenbreite. In dieser Sohle wurde ein Beil gefunden, daß aber abhanden gekommen ist. Nördlich des Gutes liegt ein Gräberfeld, da hier schon mehrfach Funde

---

54 Von Jankowo stammt auch die verzierte Eisenlanzenspitze, die abgebildet ist in Kossinna, Die deutsche Vorgeschichte, eine hervorragend nationale Wissenschaft. 2. u. 3. Aufl. Leipzig und Würzburg 1914 u. 1921. Abb. 396.

von Waffen, Scherben, Schädeln gemacht wurden. Maße: senkrechte Höhe 1 ¾-2 m, schräge Höhe 3-4 m. Meßtischblatt 1793. Jahr 1888/92.

4. Schwedenschanze von Lubin I. Der halbmondförmige Ringwall liegt südöstlich von Lubin I und ist teilweise aus der Anhöhe am Ufer des Popielewoer-Sees herausgeschnitten. Eingang im Nordosten. Ein Graben scheint die Anlage umgeben zu haben. Funde: zerschlagene Knochen, Hörner, Zähne, Scherben, viele Unterkiefer, keine Schädel. Die Scherben stammten „von den rohesten, ungebrannten und aus dem gröbsten Material hergestellten Gefäßen, bis zu wesentlich feineren, gebrannten und mit gefälligen Ornamenten versehenen" Gefäßen. Diese Ornamente sind hergestellt mittels Reisig, oder eines eingekerbten Stockes, oder einer Schnur. Über ein Dutzend Muster fanden sich. Die Funde ergeben also die Benutzung des Ringwalles in verschiedenen Perioden. In der Umgebung von Lubin findet man verschiedene Scherben, Knochen, Kohlenstücke und auch Urnen mit verbrannten Knochen gefüllt, teils frei in der Erde, teils in einer Steinumsetzung. Maße: schräge Höhe 6-7 m, äußerer Umfang 217 m, innerer Durchmesser 28 m. Slawische Funde im Bromberger Museum. Literatur: Schwartz, Materialien 1880. S. 16 als Wall von Tremessen aufgeführt. Er liegt von diesem Ort 4 km nordöstlich. Die vorstehenden Angaben beziehen sich auf eine Untersuchung des Walles durch Baurat Heinrich-Mogilno am 10. Juni 1890. S. Zeitschr. f. Ethn. 1891. Beilage: Nachrichten über deutsche Altertumsfunde. S. 53.

5.
Kreis Schubin.

1. Schwedenschanze bei Grocholin. Sie liegt südlich des Gutes im Moor, dicht an der Kreisgrenze. Literatur: Schwartz, Materialien 1880, S. 17. Es ist derselbe Wall, den Hoffmann, „Verzeichnis sämtlicher Ortschaften des Regierungsbezirkes Bromberg" unter Panigrodz aufführt; denn Frauengarten (fr. Panigrodz) liegt 2 km südwestlich von diesem Ringwall. Meßtischblatt 1576. Jahr 1888/1900.

2. Ringwall von Gromaden. Nach Hoffmann: Verzeichnis sämtlicher Ortschaften usw. soll in der Nähe dieses Ortes ein Ringwall gelegen haben. Schwartz führt ihn in seinen „Materialien“ nach Hoffmann, ohne Nachprüfung, an. Das Meßtischblatt 1503. Jahr 1876 hat hier keinen Wall verzeichnet; auf Anfrage erfolgte die Auskunft, daß von dem Vorhandensein eines Ringwalles in der Nähe des Ortes nie etwas bekannt gewesen sei.

3. Alter Ringwall von Gurkingen (fr. Gruki Zagajne) liegt 2 km südlich des Ortes im Bachtal, ein Ringwall ohne Graben. Meßtischblatt 1577. Jahr 1888.

4. Alter Ringwall von Krolikowo. Nordöstlich des Ortes liegt in der Nähe des gleichnamigen Vorwerks am Waldrande ein Ringwall mit Graben. Sein Umfang auf der Wallkrone beträgt 110 m, die schräge Höhe in den inneren Kessel hinein 8 m, in den äußeren Graben, bis zur Sohle 16 m. Der Graben hat einen äußeren Umfang von 190 m. Böschungswinkel 35°. Der Laubwald führt den Namen: Lassowinabbruch. Literatur: Schwartz, Materialien 1880, S. 17. Er bezeichnet den Wall als „tief im Walde“ liegend. Meßtischblatt 1577. Jahr 1888.

5. Das Schloß Schubin bei Schubin, nahe dem Bahnhof, steht auf einem Spitzwall, an dessen Nordseite die Gonsawka fließt, dessen drei anderen Seiten von einem Wallgraben, der Bialostruga (Weißer Bach) umgeben sind. Meßtischblatt 1505. Jahr 1876/1900.

Kreis Strelno.

1. Ringwall von Baranowo. Er lag zwischen Baranowo und Raschleben (fr. Racice). Das Meßtischblatt 1794, Jahr 1888/98 führt ihn nicht mehr an. Dagegen findet er sich verzeichnet auf einer alten Kreiskarte von Inowrazlaw vom Jahre 1857. Untersucht wurde er auf Ansuchen der historischen Gesellschaft für die Provinz Posen, durch den Besitzer Landschaftsrat Stubenrauch. Danach ist es ein einfacher Wall, in Form eines Quadrats, mit abgestumpften Ecken. Höhe 10 Fuß, Sohlenbreite 20 Fuß, der Durchmes-

ser von der Mitte der einen Seite, zur Mitte der andern im Kessel 128 Fuß, bedeckte Fläche 200 Quadratruten. Der Kessel lag etwas höher als die Umgebung. Ein Eingang befand sich an der Nordseite. Den Kern des Walles bildete eine 3 Fuß hohe Aufschüttung des natürlichen Bodens, darüber lag eine Schicht humoser Asche. Funde hat man bei der Abtragung – die fruchtbare Erde sollte als Dung verwendet werden – wenige gemacht, Gefäßreste und Scherben, Steingeräte und Knochen. Die Tonsachen sind vom Burgwalltypus. Literatur: Zeitschr. f. Ethn. 1891. Beilage: Nachr. über deutsche Altertumsfunde. S. 52.

2. Ringwall von Königsbrunn. Er liegt 5 km nördlich von Strelno und ist ein längliches Viereck mit abgestumpften Ecken. Bei der Untersuchung des Walles 1895 waren fast nur noch die Grundrisse vorhanden. Damalige Maße, auf der Höhe der Wälle abgeschritten: 140 Schritt lang, 80 Schritt breit, äußerer Umfang 600 Schritt. Der Wall war ohne Graben. Die senkrechte Wallhöhe damals nur noch 1 ½ -2 m. Literatur: Lehmann-Nitsche, Ein Burgwall und ein vorslawischer Urnenfriedhof von Königsbrunn. Cujawien. Zeitschr. f. Ethn. 1897, S. 171/175.

3. Mäuseturm von Kruschwitz. Er liegt auf einer Halbinsel im Goplo-See, östlich der Stadt und ist wie die Grodtürme, auf einem Spitzwall errichtet. Der von Kohn und Mehlis, Materialien zur Vorgeschichte des Menschen Bd. II, S. 65 außerdem erwähnte Ringwall, ist ohne Zweifel, der nördlich von Kruschwitz liegende Ringwall, am Scharley-See, Kreis Hohensalza. Literatur: Manke, Der Mäuseturm bei Kruschwitz. Eulitz-Lissa 1907. Lichtbild im selben Verlag. Meßtischblatt 1794. Jahr 1888/98.

4. Ringwall von Mietlitza. Dieser große Wall liegt am Ostufer des Goplo-Sees nahe der russischen Grenze. Nach der Abbildung scheint ein Graben um die Aufschüttung nicht geführt zu haben, wohl aber ist ein Eingang vorhanden. Da an der Südostecke ein Weg vorüber führt, wird er wohl an dieser Stelle zu suchen sein. Meßtischblatt 1867. Jahr 1887/93.

Abb. 6 u. 7.

5.-7. Ringwälle von Schedbojewitz (fr. Przedbojewice). Schwartz, Materialien 1880, S. 15 führt bei diesem Ort drei Wälle an. Der erste lag dicht am Orte, der zweite nach Krusza Duchowna (jetzt Lindenthal) und der dritte nach Krusza Zamkowa (jetzt Groß-Kruscha) zu. Meßtischblatt 1722, Jahr 1888/1904 verzeichnet keinen von diesen Wällen, sie sind wohl längst abgetragen; auch die Kreiskarte von Inowrazlaw 1857 kennt sie nicht.

Auf einem verhältnismäßig kleinen Raum liegen am Goplo-See und Scharley-See eine ganze Reihe von Ringwällen: Der Ringwall von Mietlitza, der Mäuseturm von Kruschwitz, die Schanze von Scharley und die Ringwälle von Schedbojewitz (letztere abgetragen).

Kreis Wirsitz.

1. Schloßberg bei Nakel a. d. Netze. Der südliche, sich zur Netze hinziehende Stadtteil liegt auf einem ehemaligen Spitzwall, dessen Gipfelfläche vom jetzigen Töpfermarkt gebildet wird. Östlich fließt am Fuße des Walles die Sleska der Netze zu. Literatur: Kluge, Die Burg Nakel. Aus dem Posener Lande. Jahrg. 3, S. 325/326, 1908 und Hippe, Schloßberge im Netzegebiet. Aus dem Posener Lande. Jahrg. 4, S. 46/48, 1909. Meßtischblatt 1876/78.

2. Schanze von Wissek. Ein Spitzwall liegt südöstlich vom Orte. Darauf steht ein Gebäude. Literatur: Schwartz, Materialien 1880, S. 17 nach Hoffmann, Verzeichnis usw. Meßtischblatt 1421. Jahr 1876/97.

3. Schanze von Wolsko. Ein Hufeisenförmiger Ringwall liegt südlich von Wolsko auf der steil abfallenden Höhe am Netzebruch. Der Ring hat seine größte Ausdehnung von SW nach NO und auf der Südseite einen Eingang. Der Wall enthält viele Brandspuren, Kohle und Ziegelschlacken. Der innere Kessel wird jetzt beackert; er ist übersäet mit Topfscherben.

Slawische Funde im Bromberger Museum. Literatur: Schwartz, Materialien 1880, S. 17, aufgeführt nach Hoffmann, Verzeichnis usw. Meßtischblatt 1501. Jahr 1876/1900.

Kreis Witkowo.

1. Slawen-Schanze von Grzybowo. Einer der größten Ringwälle liegt dem Dorfe Grzybowo gegenüber, am linken Ufer der Struga, in ziemlich sumpfigem Wiesengelände. Im Osten grenzt an den Wall freies, hochgelegenes Feld, an der Westseite des Walles fließt der Bach. Maße: Umfang 700 m, Durchmesser O-W 200-220 m, Durchmesser N-S 190-200 m Die größte Höhe mit 10 m im O. Der Westwall ist am niedrigsten. Eingänge sind im Osten und Westen vorhanden. Ein Graben ist nicht angelegt. Das Material des Walles besteht aus grobem Sand, Lehm, gebranntem Kalk und Holzkohle. Literatur: Schwartz, Zeitschr. f. Ethnologie 1878, S. 315. Meßtischblatt 2001. Jahr 1887/1907.

2. Alte Schanze von Klondau (fr. Chlondowo). Sie liegt südwestlich von Klondau und westlich von Witkowo im Sumpfe. Es ist ein kleiner Ring ohne Graben, viereckig mit abgestumpften Ecken. Die Untersuchung durch Schwartz ergab an der NW-Ecke Steinpflaster mit Kohlenresten. Der Ringwall von Witkowo liegt nur 5 km entfernt. Literatur: Schwartz, Materialien 1881, S. 3. Meßtischblatt 1934. Jahr 1887/97.

3. Ringwall von Schidowo. Ein nahezu viereckiger Ring von beträchtlicher Größe, liegt westlich der Haltestelle Schidowo, im Tal der kleinen Wreschnitza, am linken Ufer. Die Nordseite des Walles ist durch die Landstraße eingenommen. Ein in die kleine Wreschnitza mündender Bach tritt im NO in den Wall ein und verläßt ihn in der Mitte der südlichen Seite. Literatur: Schwartz, Materialien 1880, S. 15 unter Kreis Gnesen nach Hoffmann, Verzeichnis usw. Meßtischblatt 1933. Jahr 1887/97.

4. Schwedenschanze von Witkowo. 1 ¾ km nordwestlich von Witkowo,

rechts von der Chaussee nach Gnesen, ist sie in einer kleinen Wiese gelegen. Ein Ring ohne Eingang und Graben. Der äußere Umfang wurde mit 465 m gemessen, der innere Durchmesser ist 56 m lang. Die schräge Höhe wurde an zwei Stellen mit je 16 m und 9 m gemessen. Der innere Kessel ist 4,5 m tief. Schwartz nennt ihn auch – Materialien 1881, S. 3 – einen großen Burgwall. Meßtischblatt 1934. Jahr 1887/97.

Der bei Powidz am See liegende Schloßberg ist das Ende einer Moräne und hat seinen Namen daher, daß ein Starostenschloß auf ihm stand.

Kreis Wongrowitz.

1. und 2. Ringwälle von Czeschewo. Am Nordostufer des Czeschewer Sees liegen die Reste des größeren Ringwalls. Der kleinere, besser erhaltene, von halbmondförmiger Gestalt liegt am Südostufer des Sees. Seine offene Seite wendet sich einem 5 m hohen Steilabfall zum See hin zu. Beide Wälle sind nach Virchow und Dr. Libelt altslawisch. An der nordwestlichen Seite des größeren Ringwalles (siehe Abb. 8) sind Asche, Kohle, ausgebrannte Steine, sowie Herdschlacken in steter Folge übereinander geschichtet, gefunden worden. Im Ringwall am südöstlichen Seende fanden Hockenbeck und Tietz[55] schön verzierte Urnenscherben, deren Zeichnungen mit den auf Scherben eines benachbarten Gräberfeldes vorgefundenen, übereinstimmten. Auch fand Libelt[56] 8 Urnen mit Zeichnungen und einen Steinhammer im südlichen Winkel des Walles. Die Urnen befinden sich jetzt im Museum in Krakau. Maße: Wall A hat einen Umfang von 800 m, Umfang von Wall B 135 m, innerer Umfang 80 m, senkrechte Höhe 6 m, schräge Höhe 8 m. Böschungswinkel 45°. Der Ringwall A ist schon teilweise abgetragen. Es besteht die Absicht ihn ganz einzuebnen. Der Wall B ist bisher besser erhalten; aber 1914 erstmalig gepflügt und beackert worden. Beide Wälle gehören zum Gute Smuschewo. Vom Volke werden sie als „Schwedenschanzen“ bezeichnet. In der Nordostecke des Sees, bei dem Ringwall A hat man Reste von Pfahlbauten entdeckt, von

55 Hockenbeck und Tietz, Ausgrabungen und Funde im Kreise Wongrowitz im Jahre 1884. Zeitschr. d. Hist. Gesellsch. d. Prov. Posen Jahrg. 1, 1885, S. 378.

56 Ebenda S. 378/379.

denen man annimmt, daß sie mit den Schanzen in Verbindung standen[57]. Literatur: Kohn und Mehlis, Materialien zur Vorgeschichte des Menschen. Bd. I, S. 61/62; Bd. II, S. 65. Meßtischblatt 1647. Jahr 1888/92 verzeichnet sie nicht mehr. Abb. 8.

3. Spitzwall von Danaborz. Er liegt nordwestlich des Gutes, im Verlandungsgebiet des Grylewoer Sees. Auf ihm stehen Ruinen des Schlosses Danaborz. Literatur: Schmidt, Der Kreis Flatow-Thorn 1867. Lichtbild im Verlag von O. Eulitz-Lissa. Meßtischblatt 1646. Jahr 1888/99.

4. Ruine (R) des Starostenschlosses von Gollantsch, östlich des Ortes, nördlich vom Smolary-See, steht auf einem niedrigen, aber umfangreichen Spitzwall. Lichtbild im Verlag von O. Eulitz-Lissa. Meßtischblatt 1575. Jahr 1888/1900.

5. Spitzwall von Kobyletz (fr. Kobylec) liegt östlich vom Ort, im Verlandungsgebiet des Kobyletzer Sees. Maße: Umfang 300 m, schräge Höhe 40 m, senkrechte Höhe ungefähr 30 m, Böschungswinkel 45°. 1912 wurde ein Menschenschädel beim Pflügen gefunden. Der Wall soll früher als Cholerakirchhof benutzt worden sein. Augenblicklich ist er mit Kiefern und Birken eingeschont. Im Volke führt er den Namen „Berg am See". Literatur: Schwartz, Materialien 1880, S. 17 auch Hoffmann, Verzeichnis usw. Meßtischblatt 1646. Jahr 1888/99. 4 ½ km nördlich dieses Walles liegt der Spitzwall von Danaborz und 6 km östlich liegt der Ringwall von Lekno.

6. Ringwall von Lekno, südlich des alten Dorfes bei der evangelischen Schule, am Ostufer des Leknoer Sees. Maße: Umfang 110 m, schräge Höhe im S 11,50 m, im N 7,50 m, senkrechte Höhe im S 5,80 m, im N 3,50 m, Böschungswinkel 30-45°. Der Ringwall ist eine Doppelanlage. An

57 Man fand im Pfahlbau eine steinerne Doppelaxt. Abbildung in Montelius, Chronologie der älteren Bronzezeit. S. 17, Abb. 37.

den Hauptwall schließt sich nach N ein fast ebenso großer Vorwall an. Die Verbindung, die zwischen beiden Kesseln besteht, ist wahrscheinlich neueren Datums. Der eigentliche Eingang ist im Osten (siehe Abb. 9-12). Um den ganzen Wall führte früher ein Graben, dessen Reste noch zu erkennen sind, nur im S und SO ist er verfallen. Im S vorgelagert, findet sich endlich noch ein kleiner Spitzwall (siehe Skizze). Gefunden wurden Scherben und Knochen. Für den Wall besteht die Gefahr der Vernichtung. Literatur: Schwartz, Materialien 1880, S. 17 nach Hoffmann, Verzeichnis usw. Die Volkstümliche Bezeichnung des Walls ist „Schwedenschanze". Meßtischblatt Nr. 1646. Jahr 1888/99.

7. Schloßberg bei Netzkrug. An der Chaussee nach Smoguletz liegt im Bruch südlich der Netze beim Netzkrug ein Schloßberg. Sage dazu im Jahrgang 3, 1908; Aus dem Posener Lande S. 329. Meßtischblatt 1502. Jahr 1876/98.

8. Ringwall von Ruda. Schwartz, Materialien 1875 verzeichnet bei Ruda, in der Nähe von Mietschisko (fr. Miescisko) eine „Schanze auf einer Insel". Sie hat demnach im Welna-Lauf gelegen. Meßtischblatt 1716 verzeichnet keinen Wall mehr. Der weiter nördlich bei Rombschin gelegene Ring ist zum Zwecke der Schafwäsche angelegt worden.

Kreis Znin.

1. Ringwall von Kopietz, östlich vom Gut, am Abhang zum Koldromber See gelegen. Ein kleiner Ring ohne Graben, von viereckiger Gestalt, mit abgestumpften Ecken. Meßtischblatt 1718. Jahr 1888/95.

2. und 3. Spitzwälle von Lopienno. Dem Dorf Lopienno gegenüber liegen am östlichen Ufer des Lopiennoer Sees zwei Spitzwälle. Der südliche, größere, gehört zum Kreise Wongrowitz. Literatur: Schwartz, Materialien 1880, S. 17, nach Hoffmann, Verzeichnis usw. Meßtischblatt 1717.

4. und 5. Ringwälle von Venetia. Auf dem Damm, der gebildet wird von dem Venetia-See, dem Kasten-See und dem Biskupiner-See, liegt das Gut Venetia. Westlich von ihm befindet sich, auf einem Spitzwall erbaut, die ehemalige Burg Venetia. Um den Spitzwall zieht sich ein bedeutender Wall herum, so daß also die ganze Anlage ein Ringwall gewesen ist. Die Burg wurde darauf im 12. Jahrhundert errichtet. Sie soll dem Polenkönig Lessek dem Weißen gehört haben, der bei Gonsawa getötet wurde und in Marcinkowo Gorne – beide Orte liegen südlich Venetia – begraben liegt. Die Burg wurde 1676 durch die Schweden zerstört. Heute steht von ihr nur noch eine 4 m lange, 3 m hohe und 2 m starke Mauer. Die Ruine gehört der Gesellschaft für Kunst und Wissenschaft in Bromberg. Meßtischblatt 1649. Jahr 1888/95. Sagen dazu im Jahrgang 5, 1910, Aus dem Posener Lande, S. 388.

Ungefähr 200 m nördlich, liegt dicht am See ein anderer, größerer Ringwall, der wahrscheinlich mit einem Graben umgeben gewesen ist. Auf ihm befindet sich jetzt eine Kirche mit Kirchhof. Die Anlage beider Wälle in diesem ursprünglich sumpfigen Verlandungsgebiet ist durchaus typisch zu nennen für die Errichtung von Ringwällen in Sümpfen.

II. Regierungsbezirk Posen.
Kreis Adelnau.

1. Ringwall von Nabischitz (fr. Nabyszyce). 300 m westlich vom Ort lag an dem rechten Ufer des Kurochgrabens ein Ringwall. Schwartz, Materialien 1880, S. 15, meldet ihn schon als abgetragen. Bei einer Untersuchung haben sich Eisensachen aus dem späteren Mittelalter gefunden. Es hat auf den Wall offenbar ein Kastell gestanden. Meßtischblatt 2493. Jahr 1886/1895.

2. Ringwall von Sulmirschütz (fr. Sulmirzyce). Er liegt nordwestlich von der Stadt in einer Wiese, die im weiten Bogen umsäumt wird von einer Hufeisendüne. Schwartz hat den Wall untersucht und gefunden, daß sich auf dem Sand des Grundes zunächst eine dünne Schicht weißen Mergels auflagerte, der nach oben weiter eine Holzkohlenschicht und endlich humoser Sand folgten; faschinenartige Anlagen, wie bei Groß-Topola, fanden sich nicht; überhaupt wurde nur ein Scherben von schlecht gebranntem Ton gefunden. Der Wall maß bei der Untersuchung 380 Schritt im Umfang, war an den vollständig erhaltenden Seiten 3 ½ m hoch, an der Nordseite niedrig. Vielleicht befand sich hier der Eingang. Der Kessel war schon damals mit Roggen besäet, daher wird in der Gegenwart die Gestalt des Ringwalles sich noch mehr verändert haben. Literatur: Schwartz, Materialien 1880, S. 18, 22. Sage: Aus dem Posener Lande. Jahrgang 1, 1906/07 S. 45. Meßtischblatt 2493. Jahr 1886/95.

3. und 4. Alte Schwedenschanzen von Groß-Topola. Die eine liegt westlich von Groß-Topola an der Landstraße, von dieser an der Südseite angeschnitten; die andere liegt im Bartschbruch, etwa 500 m vom Fluß, südlich von Groß-Topola. Schwartz hat den im Bruche liegenden Wall eingehend untersucht. Dabei zeigte sich, daß er auf einer packwerkartigen Grundlage aufgebaut ist, wie sie in Schweizer Pfahlbauten auch vorkommt. Die Maße der Untersuchung waren: Umfang 170 Schritt, Durchmesser von Höhe zu Höhe 58 Schritt. In einer Tiefe von 1 ½ m stieß man auf den faschinenmäßigen Knüppeldamm. Er besteht aus roh behauenen Eschen- und Eichenstämmen. Drei bis vier Lagen liegen in schräger Richtung über Kreuz übereinander. Die einzelnen Kloben haben eine Länge von 1 ½ – 2 ½ m. Schwartz meldet ferner, daß etwa 40 Jahre vor der Untersuchung noch ein Graben um den Ring geführt haben soll, von dem nichts mehr zu entdecken sei. In der Mitte des Kessels fand man ein Steinpflaster. Dieses war 14 Schritt lang und 8 Schritt breit. Der Wall soll nach dem Volksmunde von den Schweden erbaut sein, die die Erde dazu in ihren Schürzen, oder Taschen von einer Höhe im Westen von Groß-Topola

herholten. Eine andere Sage erzählt, daß früher hier eine Kirche stand, die bei einem Gewitter verschwunden sei. Das Glockengeläut aus der Tiefe will man gehört haben. Schwartz gibt weiter von dem nördlich gelegenen Wall an, daß er zum größten Teil vernichtet sei und als Acker benutzt werde. Literatur: Schwartz, Materialien 1880, S. 18-20. Meßtischblatt 2587. Jahr 1886/97.

5. Alter Ringwall von Waldmark (fr. Pogrzybow). Südlich Waldmark, auf Sulislaw zu, liegt im gemischten Walde der Wall. Auch diesen hat Schwartz untersucht. Dabei entdeckte er, daß bei der Anlage des Walles eine natürliche Bodenerhebung benutzt worden sei. Ein Graben ist vorhanden gewesen, da noch Spuren davon sichtbar sind. Maße der Untersuchung: Umfang 133 Schritt, Höhe 3-4 m. Bei einer Bodenuntersuchung fand man Feldsteine und Urnenscherben mit Fadenverzierung. An der Ostseite ein Eingang. Literatur: Schwartz, Materialien 1880, S. 18 und 23. Meßtischblatt 2434. Jahr 1886.

Kreis Birnbaum.

1. Ringwall von Alt-Görtzig. Er liegt östlich des Dorfes am See. Schwartz, Immobilien 1880, S. 15 gibt ihn an als eine halbe Stunde nordöstlich von Birnbaum liegend, tatsächlich ist es südwestliche Richtung. Die volkstümliche Bezeichnung ist: Räuberberg. Meßtischblatt 1852.

2. Ringwall von Grabitz. Am östlichen Ausgang des Dorfes Grabitz liegt am Ufer des Luttomer Sees ein Ringwall; ein ziemlich kreisrunder Ring mit dem charakteristischen napfförmigen Kessel. An den Ring lehnt sich ein Vorwall, viereckig mit abgestumpften Ecken. Ob beide aus der gleichen Periode stammen, muß die Untersuchung erst ergeben. Maße: Umfang 235 m, Durchmesser 80 m, senkrechte Höhe 8-11 m, Böschungswinkel 45°. Meßtischblatt 1780 verzeichnet den Ring nicht.

3. Spitzwall von Kulm. An dem nordöstlichen Ufer des Kulmsees, öst-

lich von Birnbaum, liegt auf einer vorspringenden Landzunge ein Spitzwall. Maße: Umfang 35 m, senkrechte Höhe 6 m, schräge Höhe 8 m, Böschungswinkel 45°. Volkstümlicher Name: „Schwedenschanze bei Kulm“. Der Wall ist mit Buchen und Lärchen bestanden. Sagen, die sich auf diesen Wall beziehen, finden sich in der „Heimatkunde des Kreises Birnbaum“. Literatur: Schwartz, Materialien 1880, S. 18 erwähnt Schwedenschanzen; es sind vielleicht mehrere vorhanden gewesen, doch erfolgt die Angabe nur „laut Mitteilung“. Meßtischblatt 1780.

4. Ringwall von Rycin. Der Wall liegt zwischen Rycin und Charcic am rechten Bachufer, 70 m vom Matzke-See. Maße: Umfang 50 m, Durchmesser des Kessels 20 m, schräge Höhe 10 m, senkrechte Höhe 7 m, Böschungswinkel 45°. Meßtischblatt 1782.

Kreis Bomst.

1. Ringwall von Chorzemin. Er lag 2 km nordöstlich von Chorzemin, an der Richotschler Mühle. Seit 14 Jahren ist er abgetragen. Im Volksmunde führte er den Namen: Jägerberg. Literatur: Schwartz, Materialien 1880, S. 15 Der Wall von Wollstein liegt weiter südlich ebenfalls am Lauf der Doyca. Meßtischblatt 2127.

2. Alte Schanze von Goscieszyn. Sie liegt südöstlich von Goscieszyn, 500 m jenseits des Obra-Nord-Kanals, im Obrabruch. Maße: Umfang 145 m, Durchmesser 50 m, schräge Höhe 30 m, senkrechte Höhe 18 m, Böschungswinkel 35°. Der kreisrunde Wall hat im Nordwesten einen Eingang und ist von einem Graben umgeben. Auch befindet sich etwa 200 m nördlich ein Rest von einem Spitzwall. Diese augenscheinliche Zusammengehörigkeit von Ring- und Spitzwall, die sich noch für manche anderen Wallstätten nachweisen läßt, kann allerdings die Auffassung der Spitzwälle als Warttürme der Ringwälle stützen. Rings um den Wall liegen sumpfige Wiesen, die den Namen: Konitop, d. h. „Roßsumpf“, tragen. Es erzählt die Sage, daß eine große Zahl Ritter mit ihren Pferden bei dem

Sturm auf die Schanze in diesen sumpfigen Wiesen ertrunken sei. Der Wall ist mit alten Eichen und Eschen bestanden und gut erhalten. Etwa 8 km östlich liegt der Ringwall von Faustinberg und südöstlich, jenseits des Obrabruchs, die Stadt Priment. Literatur: Schwartz, Materialien 1880. S. 15. Meßtischblatt 2195.

3. Ringwall von Karna, am Scharker Graben, nordöstlich von Karna. Virchow hat den Wall untersucht. Es ist ein länglich-viereckiger Ring mit abgestumpften Ecken. Die Hauptausdehnung ist von NW nach SO. Maße: senkrechte Höhe 20 Fuß, Basis des Walles 80 Fuß, größte Länge NW-SO 126 Schritt, Breite NO-SW 96 Schritt. Die Maße sind im Innern des Kessels ermittelt. Rings um den Wall läuft ein breiter, jetzt größtenteils zugewachsener Wassergraben. Der Kessel ist stark vertieft. Das Material des Walles ist schwarze, lose, vielfach mit Kohlenresten durchsetzte Erde, in der sich reichlich dicke, rohe Scherben, fast ohne Verzierungen, höchstens mit einzelnen Parallelfurchen, finden. Literatur: Zeitschr. f. Ethn. 1875, S. 100. Meßtischblatt 2127.

4. Ringwall von Köbnitz ebenfalls am Scharker Graben, jedoch am rechten Ufer gelegen, nordöstlich vom Orte. Der Kreisphysikus Dr. Koch in Wollstein berichtet über ihn an Virchow (Zeitschr. f. Ethn. 1875, S. 278) und sagt von ihm, daß er genau dieselben Größenverhältnisse und dieselbe Bauart hätte wie der Ringwall von Karna, nur erreiche der Wall von Karna nicht dessen Höhe, der Ringgraben jedoch sei tiefer, als beim Wall von Karna. Im Volke führte er den Namen „Schwedenschanze". Der Karnaer Wall ist 3 ¾ km entfernt. Literatur: Außer in der genannten Zeitschrift, erwähnt ihn Schwartz: Materialien 1880, S. 15. Der Ringwall ist in der Gegenwart ziemlich abgetragen. Das Meßtischblatt 2126 führt nur noch Spuren von ihm auf.

5. Spitzwall von Priment. An der Südseite des Obrabruches. Virchow hat festgestellt, daß die Stadt Priment an einer schmalen Übergangsstelle

über das einstige Urstromtal liegt. Es ist die ganze Stadt eine künstliche Aufschüttung, ein Burgwall. Die ersten Anlagen wurden im Moorboden auf einer Pfahlunterlage begonnen, wie „zahlreiche noch stehende und herausgenommene Pfähle beweisen". Ein Wallstück befand sich noch 1875 in einem Garten im nordwestlichen Teil der Stadt. Der ganze Untergrund der Stadt ist mit Scherben, Tierknochen und Menschenskeletten durchsetzt. Virchow ist besonders aufgefallen:

> „1. die Mannigfaltigkeit von Hölzern, die sich unter den verkohlten Überresten in dem Burgwalle vorfanden;
>
> 2. im Burgwalle wurden an verschiedenen Orten menschliche Gerippe gefunden, von Kindern und Erwachsenen;
>
> 3. eine große Scherbe mit ausgezeichneten Mäandern. Der Mäander ist sehr groß ausgelegt und besteht durchgehends aus zwei glatten Parallellinien, zwischen welchen eine punktierte Linie angebracht ist." Der von Virchow gemachte Fund unter 3. weist auf germanische Besiedlung hin. Auch gebranntes Getreide findet sich[58]. Meßtischblatt 2195. Literatur: Zeitschr. f. Ethn. Bd VII, S. 100/106.

6. Ringwall von Unruhstadt (fr. Kargawa). Er liegt nordöstlich der Stadt, rechts von der Chaussee nach Großdorf, dicht am Bahndamm, in den Wiesen des Dzwinakanals. Es ist eine schöne Doppelringanlage. Eine Straße führt von der Chaussee zum Eingang des Walles im Nordwesten. Südlich und nördlich von diesem Eingang ist der Ringwall durchstochen. Maße: Durchmesser 45 m, senkrechte Höhe 8 m. Seit 100 Jahren wird dieser Ringwall von der jüdischen Gemeinde in Unruhstadt als Begräbnisplatz benutzt. Der Name im Volke ist deshalb auch „Judenkirchhof". Die ursprünglichen Wallanlagen sind noch alle gut erhalten und stehen auch nicht in Gefahr, vernichtet zu werden. Nachgrabungen fanden nicht statt; wohl aber fand man 1905, beim Bau des Bahndammes einige Urnen, die

58 Ascherson berichtet in den Berliner Verhandlungen 1875, S. 154, daß man auch die Saubohne (Vicia faba L.) im Burgwall von Priment gefunden habe.

allerdings durch die geringe Sorgfalt der Arbeiter, beim Herausheben vernichtet wurden. Meßtischblatt 2193. Jahr 1891/1905. Abb. 13.

7. Spitzwall von Wollstein. Er befand sich am Ostufer der Doyca, dicht vor ihrem Eintritt in den Berzyner-See, südwestlich von Wollstein. Virchow hat ihn untersucht und ihn als altslawischen Wall, der mit dem Ringwall von Karna zeitlich nahe zusammengehört, bestimmt. Früher soll der Wall so hoch gewesen sein, wie eine Scheune. 1858 begann, nach Mitteilung von Dr. Koch-Wollstein, die erste Abtragung. Man fand Knochen, eiserne Gegenstände und Scherben. Seit der Zeit erst nannte das Volk den Wall „Schwedenschanze". Jetzt ist der Wall ganz verschwunden. Die letzte Abtragung wurde 1875, oder 1876 gemacht. Literatur: Zeitschr. f. Ethn. 1875, S. (109) (100) (278). Meßtischblatt 2127.

Kreis Fraustadt.

1. Ringwall von Lissen. Er liegt am südöstlichen Ausgang des Dorfes, etwa 250 m entfernt. Es ist ein etwas länglich, runder Ring, mit napfförmigen Kessel. Wahrscheinlich hat in mittelalterlicher Zeit eine Holzburg darauf gestanden. Einige Scherben wurden gefunden. Meßtischblattt 2338, Jahr 1892, verzeichnet den Wall nicht.

Kreis Gostyn.

1. Ringwall von Gogolewo. Im Tal der Dombrotschna, südwestlich Gogolewo, liegt am linken Ufer des Baches ein Ringwall. Der Wall von Kolaczkowice liegt 4 ½ km südwestlich von Gogolewo. Meßtischblatt 2417. Jahr 1888/1906.

2. Schloßberg von Gostyn. In der Wiese zwischen der Stadt und der Kania, an der Ostseite des Ortes gelegen. Maße: Umfang 230 m, schräge Höhe 24 m, senkrechte Höhe 18 m, Böschungswinkel etwa 45°. Literatur: Schwartz, Materialien 1880, S. 16 unter Kreis Kröben erwähnt. Meßtischblatt 2343. Jahr 1888/1900.

3. Alter Ringwall bei Gostyn. In den Wiesen am rechten Ufer der Kania, südöstlich der Stadt Gostyn, 1 km vom Schloßberg entfernt, liegt ein Ringwall. Der Ringwall von Rembowo ist etwa 7 km, der Wall im Walde von Szelejewo (Kr. Koschmin) ungefähr ebensoweit entfernt. Literatur: Schwartz, Materialien 1880, S. 16 unter Kreis Kröben. Meßtischblatt 2343. Jahr 1888/1900.

4. Ringwall von Grodzisko, von Schwartz, Materialien 1880, S. 16 unter Kreis Kröben erwähnt, ist nicht bekannt. Meßtischblatt 2343, Jahr 1888/1900 erwähnt ihn nicht.

5. Alter Ringwall I von Kartzen (fr. Karzec). Er liegt nördlich des Dorfes am linken Ufer des Polnischen Landgrabens. Ein Graben umzieht den Wall. Meßtischblatt 2416. Jahr 1888/1890.

6. Alter Ringwall II von Kartzen (fr. Karzec). 1 ¼ km östlich von dem vorigen Ringwall liegt ein zweiter, ebenfalls in den Wiesen am linken Ufer des Polnischen Landgrabens, nordöstlich von Kartzen. Meßtischblatt 2416. Jahr 1888/1890.

7. Ringwall von Kolaczkowice. In der Dombrotschna-Niederung, am linken Ufer des Baches, zwischen Kolaczkowice und Gogolewo liegen die Reste eines Ringwalles. Von dem Ringwall ist nur noch der Kegel aus der Mitte des Walls einigermaßen erhalten; der Wall ringsum ist zum größten Teil abgetragen. Alljährlich wird diese Abtragung fortgesetzt, so daß die ganze Anlage bald verschwunden sein wird. Der Umfang beträgt nur noch 60 m, die senkrechte Höhe des Kegels 1 ½ und seine schräge Höhe 2 ½ m. Gefunden wurden Urnenscherben und Knochenreste. Der Kegel besteht aus Erde, einem Ring von Steinen und vieler Holzkohle. Der volkstümliche Name ist „Schwedenschanze“; auch reden die Leute von einem verfallenen Schlosse. Meßtischblatt 2417. Jahr 1888/1906.

8. und 9. Ring- und Spitzwall von Kunthal (fr. Kunowo), Kr. Schrimm. Beide liegen im Kreise Gostyn, der Ringwall am linken, der Spitzwall am rechten Ufer (etwas weiter westlich) des Obra-Kanals. Maße des Ringwalls: Umfang 239 m, Durchmesser 28 m, senkrechte Höhe 4-5 m, Kesseltiefe 2 m, von der Krone des Walls gemessen, schräge Höhe 13 m. Maße des Spitzwalls: Umfang 210 m, Durchmesser 22 m, senkrechte Höhe 4 m, schräge Höhe 5 m. In den Ringwall führt von SW her ein Eingang. In der Mitte des Kessels erhebt sich ein kleiner Kegel. Den Spitzwall umgibt ein Graben. Meßtischblatt 2270.

10. Spitzwall von Ludwigshof. Südöstlich von Ludwigshof, 200 m nördlich des Haltepunktes der Bahn Kröben-Gostyn, liegt die Höhe 124,4 m. Dieser Spitzwall ist 1906 auf Veranlassung der Königlichen Ansiedelungskommission untersucht worden. Man fand überwiegend Schlacken, daneben einige Ziegelsteine. Scherben und Knochen fanden sich nicht. Es ist dies der einzigste, bisher in der Provinz bekannte, mutmaßliche prähistorische Schlackenberg. Maße: Umfang 80 m, Durchmesser etwa 25 m, senkrechte Höhe 5 ½ m, schräge Höhe 13 m, Böschungswinkel 25°. Meßtischblatt 2417. Jahr 1888/1906.

11. Ringwall von Potarzyce. Diese napfförmige Aufschüttung liegt südöstlich von Potarzyce an dem linken Ufer eines Baches, 1 ¼ km Luftlinie vom Bahnhof Klein Wlostowo. Maße: Umfang 180 m, Durchmesser 60 m, senkrechte Höhe im Süden 7 m, im Norden 6 m, Böschungswinkel im Süden 40°, im N 35°, schräge Höhe 10 m. Der Ringwall besteht aus humosem Sand. Er ist an der Südwestecke schon zum Teil abgetragen. Funde wurden im Wall selbst nicht gemacht. Im Jahre 1913 wurden im Graben des nördlich vorüberführenden Weges Schädel, Knochen, zerfallene Urnen, Lanzenspitzen und Ringe gefunden. Der volkstümliche Name ist „Schwedenschanze“. Der Ringwall von Gogolewo ist 6 km, der Ringwall von Kolaczkowice 5 ½ km entfernt. Meßtischblatt 2417. Jahr 1888/1906.

12. Alter Ringwall von Rembowo. Dieser Wall liegt südöstlich von Rembowo, zwischen der Chaussee von Siedlec nach Bodzewo und der in sie einmündenden Straße von Rembowo. Er ist schon lange Jahre bebaut und darum durch das Pflügen mehr und mehr eingeebnet; früher soll er doppelt so hoch gewesen sein. Auch der Kessel hat dementsprechend an Tiefe abgenommen. Der genaue Umfang läßt sich nicht feststellen, doch beträgt er schätzungsweise 260 m, die senkrechte Höhe nur mehr 1 ½ m. Die Weite des Kessels ist, von Wallkrone zu Wallkrone gemessen, 45 m, die schräge Höhe 20 m. Vor einigen Jahren grub der Besitzer aus dem Wall verkohlte Balken und Bauschutt aus. Der volkstümliche Name ist „Schwedenschanze“. Der Ringwall im Forst von Szelejewo (Kr. Koschmin) ist 3 ½ km entfernt, der Ringwall von Gostyn liegt in nordwestlicher Richtung 7 km weit. Meßtischblatt 2343. Jahr 1888/1900.

13. Alte Schanze von Siemowo. Sie liegt nördlich des Dorfes in den Wiesen des Obrabruches, dicht am linken Ufer des Obra-Kanals. Im NW und SO des Walles befinden sich Eingänge. Er hat länglich-viereckige Form mit abgestumpften Ecken. Literatur: Schwartz, Materialien 1880, S. 16 unter Kreis Kröben erwähnt. Meßtischblatt 2269.

Kreis Grätz.

1. Alte Schanze von Dakowy Mokre. 1 km nördlich des Gutes Dakowy Mokre, liegt in der sumpfigen Wiese, am linken Ufer eines Zuflusses der Mogilnitza, ein Ringwall. Virchow hat diesen Wall untersucht und nennt ihn den größten und charakteristischsten Wall im Gebiete der Mogilnitza. Er betrachtet ihn als einen Hauptzufluchtsort der umliegenden Bewohner, die in dieser Sumpfburg zu Hunderten mit ihrem Vieh Platz finden konnten. Die Menge der Tonscherben, namentlich aber der zerschlagenen und zerspaltenen Tierknochen, beweisen ihm die oftmalige Benutzung zu dem Zwecke. Die größte Ausdehnung hat der Wall nicht, wie Virchow annimmt, von Westen nach Osten, sondern von SW nach NO. Auch in der

Angabe der Lage des Durchstichs durch den Wall irrt Virschow. Dieser liegt nicht am Ostende, sondern am Nordostende. Virchow nimmt an, daß dieser Eingang nicht ursprünglich ist, sondern später angelegt wurde. Ähnlich verhält es sich wohl mit dem Eingang, den das Meßtischblatt im SW verzeichnet, der von Virchow nicht erwähnt wird, also 1877 noch nicht bestand. An dem Durchstich im NO war die Zusammensetzung des Walles zu erkennen. Der Kern ist eine künstliche Aufschüttung aus lehmiger Erde, darüber liegen schwärzliche, mit Kohle durchsetzte Schichten, besonders stark nach innen. Hier fand man auch Knochen und Scherben. Der Durchmesser der Wallbreite betrug 34 Schritt. Im inneren Kessel ist keine Aufschüttung, doch ist durch die Benutzung als Gemüseland, der ursprüngliche Zustand nicht mehr zu erkennen. Die Wallhöhe gibt Virchow mit 10-12 Fuß an und den geringsten Durchmesser der ganzen Anlage, von SO nach NW, mit 65 Schritt. Umgeben war die ganze Anlage mit einem schon 1877, zum größten Teil ausgefüllten Wassergraben. Literatur: Zeitschr. f. Ethn. 1877, S. 245, 249 und Schwartz, Materialien 1880, S. 15 unter Kr. Buk. Meßtischblatt 2061.

2. Schwedenschanze von Niegolewo. Gelegen ist dieser Spitzwall an dem rechten Ufer, des rechten Armes, der östlichen Mogilnitza, nordöstlich von Niegolewo, in sumpfigen Waldgelände. Er wurde von Virchow untersucht. Es ist ein Spitzwall mit einem, noch heute gut erhaltenen Graben. Virchow gibt seine senkrechte Höhe mit 18-20 Fuß an, seinen Umfang mit 155 Schritt. Auf dem Kegel fanden sich zahlreiche Überreste einer früheren Wohnung. Nach der Beschaffenheit der Scherben vom sog. Burgwalltypus nimmt Virchow an, daß der Wall der altslawischen Periode angehört. In der Nähe liegt, zwischen den beiden Armen der östlichen Mogilnitza, der Ringwall von Königshof (fr. Sendzino), nur 500 m entfernt. Literatur: Zeitschr. f. Ethn. 1877, S. 250. Schwartz, Materialien 1880, S. 15 unter Kr. Buk erwähnt. Meßtischblatt 1994.

3. Ringwall von Trzcionka. Am dem rechten Ufer der westlichen

Mogilnitza liegt östlich von Trzcionka ein Ringwall. Von dem ursprünglich halbmondförmigen Wall, der seine offene Stelle der Mogilnitza zuwandte, ist nur mehr ein Wallrest von 100 m Länge und 3 m Breite erhalten. Seine senkrechte Höhe beträgt 1 ½ m. Meßtischblatt 1994.

Kreis Jarotschin.

1. Alte Schanze bei Brzostkow (fr. Brzustow). Sie liegt in dem Jarotschiner Forst, etwa 2 km nordöstlich vom Dorf. Der nächste Ringwall ist die 9 km entfernte alte Schanze von Potarschütz. Maße nicht bekannt. Meßtischblatt 2279.

2. Alter Ringwall von Chytrowo bei Jaratschewo. Er liegt im Obra-Tal 2 km nordöstlich vom Ort, links der Chaussee nach Gora, nahe dem Obra-Kanal. Maße: Umfang 270 m, schräge Höhe 20 m, senkrechte Höhe 5 m, Durchmesser 30 m, Böschungswinkel 30°. Der Ringwall hat die charakteristische Napfform. Er wird schon seit vielen Jahren beackert, so daß seine völlige Einebnung zu erwarten steht. Literatur: Schwartz, Materialien 1880, S. 17. Meßtischblatt 2271.

3. Schwedenschanze von Ganshagen (fr. Lgow). Sie liegt etwa 4 ½ km nordwestlich vom Ort, zwischen zwei Armen der Lutynia. Maße nicht bekannt. Meßtischblatt 2136/37. Jahr 1887/1907.

4. Ringwall von Klein-Lubin. 1 km südöstlich des Ortes befindet sich ein halber Ringwall, im Wald an der Lubianka gelegen. Die südliche Hälfte ist abgetragen. Maße nicht bekannt. Literatur: Schwartz, Materialien 1880, S. 16. Meßtischblatt 2273/74. Jahr 1887/1904.

5. Schloßberg von Neustadt a. d. Warthe. Er liegt nördlich der Stadt im Warthetal. An der Ostseite ist ihm ein Vorwall vorgelagert; im Napf erhebt sich ein Kegel, der beträchtlich über den Wall herausragt. Maße des Ringes: Umfang 275 m, Durchmesser 90 m, schräge Höhe 12 m, senkrechte

Höhe 9 m, Böschungswinkel 45°. Sage dazu siehe Knoop: Sagen. Meßtischblatt 2202. (S. Abb. 14).

6. Alte Schanze von Potarschütz. Sie liegt ½ km südlich der Chaussee von Potarschütz nach Golina. Es ist ein Spitzwall von 28 m Umfang, 10 m Durchmesser, 12 m schräger Höhe, 6 ½ m senkrechter Höhe und 50° Böschungswinkel. Der Ringwall, der den Kegel umgab, ist abgetragen. Meßtischblatt 2272.

7. Schwedenschanze von Zollernfelde (fr. Zerkow). Sie liegt zwischen diesem Orte und Lissewo, in einer Wiese an der Lutynia. Es ist ein Ringwall mit Kegel. Maße nicht bekannt. Meßtischblatt 2203. Jahr 1887/1904.

Kreis Kempen.

1. Ringwall von Baranowo. Er liegt an der Nordwestecke des Ortes in einer Wiese des Niesob-Baches und ist mit Gebäuden bestanden (s. Abb. 15). Maße nicht bekannt. Meßtischblatt 2773. Jahr 1884.

2. Grodturmruine von Boleslawice. Diese Turmruine liegt auf einem Spitzwall in der Prosna-Niederung, östlich Siemianice. Maße nicht bekannt. Die Bezeichnung im Volke ist „Komin". Lichtbild im Verlag von O. Eulitz-Lissa. Meßtischblatt 2835. Jahr 1884/95.

3. Schloßberg von Kempen. Er liegt nahe der Stadt am Schummerwasser und führt auf der Karte den Namen „Kopiec". Im Volksmund heißt er „Koschmieder" nach einem Räuber, der angeblich hier gehaust haben soll. Seine senkrechte Höhe beträgt 6 m, der Böschungswinkel 40-50°. Weiter Maße nicht bekannt. Da an einer Stelle schon viel Erde von ihm abgefahren ist, ist es nicht ausgeschlossen, daß er eines Tages ganz abgetragen sein wird.

4. Ringwall von Kirchfeld (fr. Kierzno). Ein niedriger Ring liegt zwi-

schen diesem Orte und Ostrowiec. Schwartz gibt seinem Durchmesser zu 50 Schritt an und nennt ihn einen gut erhaltenen heidnischen Opferplatz. Literatur: Schwartz, Materialien 1880. S. 17. Meßtischblatt 2712. Jahr 1885/1900. Östlich von diesem Ringwall liegt 3 km weit entfernt

5. Das Hünengrab von Mijomice. Es ist ein Ringwall, in dessen Napf sich ein Kegel erhebt. Er liegt westlich vom Gute in einer Wiese. Die ganze Anlage ist von Bäumen umgeben. Maße: Umfang 300 m, Durchmesser 75 m, Meßtischblatt 2712. Jahr 1885/1900.

Kreis Koschmin.

1. Ringwall von Mokronos. Ein kreisrunder Ring liegt am Rande einer sumpfigen Waldlichtung, nördlich der Chaussee nach Malgow. Im Napf stehen zwei Bäume. Maße nicht bekannt. Meßtischblatt 2344. Jahr 1888/1900.

2. Ringwall bei Obra. Er liegt 1 km südwestlich des Dorfes und ist größtenteils zerstört; doch wäre es vielleicht möglich, an den vorhandenen Überresten noch die Ausdehnung festzustellen. Meßtischblatt 2345. Jahr 1887/91.

3. Schwedenschanze von Skalow. Sie liegt hart an dem linken Ufer der Orla, südlich des Ortes. Maße nicht bekannt. Meßtischblatt 2345. Jahr 1887/91.

4. Alter Ringwall im Forst Szelejewo. Er liegt etwa 120 m rechts der Chaussee nach Bodzewo im Laubwalde. Ein Weg führt von der Chaussee in den Ring hinein. Die napfförmige Anlage ist mit einem Graben umgeben. Der Eingang befindet sich im SSW. Maße nicht bekannt. Meßtischblatt 2343. Jahr 1888/1900.

5. Schwedenschanze südlich Tscharnisad, links der Chaussee nach

Wolenitz. Der Ringwall liegt auf der Hochfläche, westlich von ihm befindet sich ein Langwall. Maße nicht bekannt. Meßtischblatt 2419. Jahr 1886/1910.

Kreis Kosten.

1. Ringwall von Bonikowo an der Grätzer Chaussee, etwa 100 m vom Obrawall in einer sumpfigen Wiese gelegen. Dem Hauptringe sind nach O zwei halbkreisförmige Nebenwälle vorgelagert. Maße des Hauptwalles: Umfang 200 m, schräge Höhe 4-5 m, Durchmesser 70 m. Der nördliche Teil des Walles ist abgetragen. Gefunden wurden Knochen, Teile alter Waffen und Urnenscherben. Literatur: Schwartz, Materialien 1881, S. 9. Meßtischblatt 2130 (siehe Abb. 17).

2. Alter Burggraben von Kriewen. 1 km nordwestlich der Stadt, liegt am Kostener Obra-Kanal, in einer sumpfigen Wiese ein Spitzwall, der rings von einem Wasser führenden Graben umgeben wird. Maße nicht bekannt. Schwartz verzeichnet in seinen Materialien 1880, S. 16 bei Kriewen einen Langwall. In der Nähe des Spitzwalls verlaufen zwei Langwälle bis zur nahen Anhöhe. Zwischen beiden befindet sich sich ein Graben, die typische Form prähistorischer Langwälle. Meßtischblatt 2268.

3.-6. Schwedenschanzen bei Klein-Lenki. Nordwestlich dieses Ortes liegen nahe der Mogilnitza-Mündung vier Hügel, die vom Volke „Schwedenschanzen" genannt werden. Mehrere von ihnen sind bereits abgetragen. Maße der einzelnen Hügel: Umfang 70-80 m, schräge Höhe 6-7 m, senkrechte Höhe 4 m. Bei Nachgrabungen wurden Urnen und Waffen gefunden[59]. Literatur: Schwartz, Materialien 1880, S. 16 und 1881, S. 9. Meßtischblatt 2130.

7. Der Ringwall von Konojad, den Schwartz verzeichnet, ist bereits abgetragen.

---

59 Die Funde deuten auf Hügelgräber.

8. Schwedenschanze von Klein-Rogaczewo. Nordöstlich des Gutes, liegt jenseits des Obrakanals ein noch zur Hälfte erhaltener Ringwall. Er besteht aus sandiger Erde, ist etwa 3-4 m hoch und noch 170 Schritt lang. Meßtischblatt 2198.

9. Schwedenschanze von Sierniki. Sie liegt nordöstlich des Ortes, in der Nähe des Moschiner Obrakanals. Der umgebende Wald ist wahrscheinlich jünger als die Wallanlage. Behla bezeichnet diesen Wall als bei Czempin liegend. Maße nicht bekannt. Literatur: Schwartz, Materialien 1880, S. 16. Meßtischblatt 2063.

10. Ringwall bei Szczodrowo. Er liegt zwischen den Wirtschaftsgebäuden und dem Teich, in einer sumpfigen Wiese des Obrakanals. Die Wälle von Bonikowo, Wilanowo und Wilkowo liegen in der Nähe. Maße nicht bekannt. Literatur: Schwartz, Materialien 1881, S. 9. Meßtischblatt 2130.

11. Ringwall von Darnowo. Der von Behla nach Schwartz, Materialien 1880, S. 16 erwähnte Wall ist auf dem Meßtischblatt 2131 nicht verzeichnet und demnach wohl schon seit längeren Jahren abgetragen.

12. Spitzwall auf einer Halbinsel am See Zbenchy. Er ist gleich den Spitzwällen von Chalopowo, Kreis Schroda, und von Ober-Strelitz, Kreis Bromberg, aus dem natürlichen Höhenrande herausgeschnitten worden. Maße nicht bekannt. Meßtischblatt 2131.

Kreis Krotoschin.

1. Schwedenschanze im Forst Theresienlust, in der Nähe des Forsthauses gelegen, im Jagen 24. Der Ringwall gehört zu den wenigen im Walde gelegenen Anlagen. Maße nicht bekannt. Meßtischblatt 2420. Jahr 1887/1900.

Kreis Lissa.

1. Schwedenschanze am Gurznoer-See. Dieser Ringwall liegt auf einer kleinen, steilansteigenden Anhöhe. Maße nicht bekannt. Meßtischblatt 2268.

2. Ringwall von Kloda bei Reisen. Er liegt etwa 1 ½ km südlich des Orts, und wird von einem Wege durchschnitten. Äußerer Umfang 300 m. Meßtischblatt 2414/15. Jahr 1890.

3. Schwedenschanze südlich Retschke. Dieser Ringwall hat nach SO einen Zipfel von 47 m Länge, gemessen von der Wallkrone. Übrige Maße: Äußerer Umfang 320 m, innerer Umfang des Kessels 100 m, Durchmesser des Kessels 53 m, schräge Höhe im NW 25 m, im NO 14 m, Meßtischblatt 2267.

4. Schwedenschanze südöstlich von Storchnest, am Ufer des Lanner-Sees. Dieser napfförmige Ringwall ist etwa 140 m lang und 25 m breit; die senkrechte Höhe beträgt an der Langseite 5 m, an der Seeseite 1 ½ m. Im O führt ein Eingang in den Ringwall hinein. In der Nähe sind bei Nachgrabungen Urnen zutage gefördert worden, die sich in Privatbesitz befinden. Meßtischblatt 2268.

5. Schwedenschanze von Woynowitz. Sie liegt etwa 1 km nördlich des Gutes, ist napfförmig und hat einen Eingang im SO. Unmittelbar hinter dem Ringwall fällt die Anhöhe mit Steilhang gegen den See ab. Maße: Äußerer Umfang 150 m, Umfang der Krone 100 m, Durchmesser des Napfes 30 m, schräge Höhe 10 m, senkrechte Höhe 6 m, Böschungswinkel 45°. Meßtischblatt 2268.

Kreis Meseritz.

1. Schloßberg von Bentschen. Er liegt im Verlandungsgebiet an der Ostseite des Bentschener Sees. Das Meßtischblatt 2058 verzeichnet ihn

nicht; wohl aber hat ihn der Hauptmann Freiherr von Ramberg, im Jahre 1891 als prähistorisch in die Generalstabskarte eingetragen. Literatur: Müller, Eine Festung im Sumpfe. Aus dem Posener Lande. Jahrgang 3, 1908, S. 507/508. Zeitschr. d. Hist. Gesellsch. f. d. Prov. Posen, Jahrgang 7, S. 102, 1892.

2. Ringwall von Brandorf. Auch dieser liegt an der Ostseite des Bentschener Sees, südlich des Obraaustritts. Nach dem Meßtischblatt 2058 ist er von scharf viereckiger Gestalt. Literatur: Zeitschr. d. Hist. Gesellsch. f. d. Prov. Posen, Jahrgang 7, S. 102, 1892.

3. Spitzwall von Betsche. Schwartz berichtet in „Materialien“ 1880, S. 16, daß er bereits vor 20 Jahren abgetragen sei; jedoch liegt nördlich der Stadt noch ein wohlerhaltener Kegel mit Graben, auf den ein Weg in Schneckenlinie hinauf führt; hiervon der volkstümliche Name „Schneckenberg“. Maße: Äußerer Umfang 120 m, Umfang der Gipfelfläche 30 m, schräge Höhe 35 m, senkrechte Höhe 20 m. Meßtischblatt 1922.

4. Schwedenschanze bei Brätz. Nach: Aus dem Posener Lande. Jahrgang 3, S. 506, 1908 liegt ein alter Ringwall am sumpfigen Ufer der Faulen Obra. Er ist mit einem Graben umgeben, über den ein Zugang zum Wall führt. Der volkstümliche Name ist „Gur“. Das Meßtischblatt verzeichnet ihn nicht.

5. Spitzwall von Meseritz. Die Ruine des Schlosses Meseritz liegt westlich der Stadt, in einer Niederung der Obra, auf einem Spitzwall, der noch zum Teil von einem Wasser führenden Graben umgeben wird. Literatur: Aus dem Posener Lande. Jahrgang 4, S. 360, 1910. Lichtbild im Verlag von O. Eulitz-Lissa. Meßtischblatt 1921. Jahr 1893.

6. Schwedenschanze von Nandel, am Nordufer des Bentschener Sees. Es ist ein Spitzwall mit einem Graben. Maße: Unterer Umfang 60 m, Durchmesser 25 m, schräge Höhe 12 m, senkrechte Höhe 5 m. Meßtisch-

blatt 2058.

7. Schanzenberge bei Rybojadel. Der Spitzwall liegt auf einer Landzunge zwischen dem See von Rybojadel und dem Pfarrsee. Heute ist er zum Teil abgetragen, doch ist an einem ihm vorgelagerten Wall noch zu erkennen, daß die ganze Anlage früher ein Ringwall war. Literatur: Zeitschr. d. Hist. Gesellsch. f. d. Prov. Posen, Jahrgang 7, S. 102, 1892.

8. und 9. Schloßberg und Schwedenschanze von Tirschtiegel. Sie liegen am rechten Ufer der Obra, zwischen Alt- und Neutirschtiegel. Der Ringwall mißt im äußeren Umfang 800 m und ist von unregelmäßig viereckiger Gestalt. Die Wallhöhe ist sehr verschieden, stellenweise ist der Wall ganz verschwunden. Der höchste Punkt liegt im Süden und ist etwa 3 m hoch; die schräge Höhe beträgt an der Innenseite des Walles höchstens 6 m, an der Außenseite mehr. An der Nordwestseite befindet sich ein Durchstich im Wall, im Volksmunde „das eiserne Tor“ genannt. Nach Dr. Blume ist der Ringwall vielleicht Sitz eines Stammeshäuptlings und heidnische Opferstätte gewesen. Meßtischblatt 1991.

Kreis Neutomischel.

1. Schwedenschanze südlich Albertoske. Das Meßtischblatt 2060 verzeichnet sie nicht, doch ist sie, wie die Schanzen von Brandorf und Bentschen, Kr. Meseritz, auch vom Hauptmann Freiherrn von Ramberg in die Generalstabskarte als prähistorisch aufgenommen worden.

2. Ringwall von Brody, etwa 2 ½ km südöstlich des Ortes, im Tal der Mogilnitza gelegen. Der napfförmige Ring hat einen Umfang von 114 m, die schräge Höhe beträgt 6 ½ m, die senkrechte Höhe 2 ½ m, der Böschungswinkel 25°. Volkstümlicher deutscher Name „Hexenburg“, polnische Bezeichnung „clump“. Meßtischblatt 1925.

3. Ringwall zwischen Gronsko und dem Vorwerk Komurowo. Er ist

bereits halb abgetragen, doch ist der Eingang an der südöstlichen Ecke noch zu erkennen. Maße nicht bekannt. Meßtischblatt 1924.

4. Schwedenschanze südöstlich des Dorfes Linde. Dieser Ringwall ist bereits abgetragen; es wurden große Feldsteine gefunden. Der Sage nach wurde er von den Schweden zum Schutze gegen Feinde aufgeworfen. Maße nicht bekannt. Meßtischblatt 1924.

5. Ringwall südlich von Linde, ungefähr 2 km vom Orte, mit einem Eingang von Süden. Maße nicht bekannt. Meßtischblatt 1924.

6. Spitzwall südwestlich von Trzcionka, zwischen der Chaussee nach Neustadt und dem Wege nach Glupon gelegen. Das Volk nennt ihn „Malinez"hügel. Maße nicht bekannt. Meßtischblatt 1994 verzeichnet ihn nicht.

Literatur zu den Wällen im Kreise Neutomischel: Aus dem Posener Lande. Jahrgang 5, S. 248, 1910.

Kreis Obornik.

1. Ringwall Buchenhain (fr. Boguniewo). Kohn und Mehlis, Materialien zur Vorgeschichte des Menschen II, S. 65, geben die Lage einer hier befindlichen Schwedenschanze nach Dr. Szulc an, als den südlichen Teil einer über 20 Fuß hohen Hügelreihe. Meßtischblatt 1786 verzeichnet sie nicht mehr, weil sie bereits abgetragen ist.

2. Ringwall von Eichenhagen (fr. Ludom-Dombrowka). Schwartz verzeichnet hier in seinen „Materialien" 1880, S. 16 eine Schanze. Sie ist auf dem Meßtischblatt 1714 nicht verzeichnet, daher wohi abgetragen.

3. Alter Burgwall von Briesen. Dieser Spitzwall liegt 1 ¼ km nordöstlich des Ortes. Maße nicht bekannt.

4. Spitzwall von Neuendorf (fr. Uscikowo), hart an der Dorfgrenze gelegen. Die Anlage ist zum größten Teil abgetragen, nur ein Kegel von

etwa 2 m senkrechter und 4-5 m schräger Höhe, ist noch vorhanden. Möglicherweise war dieser früher von einem Ringwall umgeben. Der Sage nach, soll hier ein schwedischer Hauptmann begraben liegen. Im Volke führt der Spitzwall den Namen „Schloßberg“. Literatur: Schwartz, Materialien 1880, S. 16. Meßtischblatt 1785.

5. Ein Spitzwall an der Mündung der Welna in die Warthe, am linken Ufer gelegen, ist vor 12 Jahren abgetragen. Meßtischblatt 1785.

6. Räuberberg zwischen Werdum und Ninino, am rechten Ufer der Flinta, im Laubwald gelegen. Ein Spitzwall, auf dem der Sage nach, einst 12 Räuber gehaust haben sollen. Maße unbekannt. Meßtischblatt 1714.

Kreis Ostrowo.

1. Schwedenschanze von Bendzieszyn; Schwartz, Materialien 1880, S. 16, erwähnt sie auf S. 15.

2. Schwedenschanze von Czekanow unter Kreis Adelnau. Die Meßtischblätter 2422 Jahr 1886/97, bzw. 2495 Jahr 1886 verzeichnen sie nicht mehr; sie wird also um diese Zeit schon abgetragen gewesen sein.

3. Alte Schanze von Ocionz. Sie liegt etwa 250 m östlich des Vorwerkes Morawin. Es ist ein Ringwall, der an der Ostseite einen Vorwall besitzt. Maße unbekannt. Literatur: In Schwartz, Materialien 1880, S. 15, ist im Kreise Adelnau je ein Wall bei Otschonz und Kosziuszkow genannt; diese beiden Wälle sind ein und derselbe; denn der vorgenannte Wall liegt ungefähr in der Mitte zwischen beiden Orten. Meßtischblatt 2422. Jahr 1886/97.

4. und 5. Spitzwälle von Ostrowo. Der eine von beiden, an der Kalischer Landstraße gelegen, war schon 1874 zum Teil abgetragen. Seine Erde fand zum Chausseebau Verwendung. Sein Umfang hat 100 Schritt =

75 m betragen. Der andere Spitzwall lag östlich der Stadt, etwa 800 Schritt = 600 m von dem vorgenannten Wall entfernt. Er war mit einem Graben umgeben, hatte einen Umfang von 120 Schritt = 90 m, eine Höhe von 10 m, und die Gipfelfläche hatte einen Durchmesser von 5 Schritt = 3 ¾ m. Beide Spitzwälle zeigten bei der Untersuchung Kulturschichten. Gefunden wurden Knochensplitter, Kohle und Tonscherben mit und ohne Verzierung. Meßtischblatt 2494 verzeichnet die Spitzwälle nicht mehr. Literatur: Zenkteler, Ein Beitrag zu den Ausgrabungen in der Provinz Posen. XXIX. Programm des Königlichen Gymnasiums zu Ostrowo. 1874, S. 18.

Kreis Pleschen.

1. Schwedenschanze von Grodschisko. Sie liegt 500 m nordöstlich des Gutes, wie Schuster sagt „in sumpfigen Grunde nahe der Prosna"; nach Schwartz ist jedoch das umliegende Gelände infolge einer Senkung des Prosnabettes „immer trockener und auch schon in Ackerland umgewandelt worden". Es ist diese Schwedenschanze ein doppelter Ringwall; denn nach SW setzt sich an den runden Hauptwall ein halbmondförmiger Nebenwall an. Der Hauptwall ist bedeutend höher, als der Wall des Nebenringes; doch ist der von ihm eingeschlossene Napf geringer an Ausmaß, als der des Nebenwalles. Schwartz gibt die Maße der beiden Wälle wie folgt an: Umfang der ganzen Anlage 900 Schritt = 675 m, Umfang des Hauptwalles 445 Schritt = 334 m, Umfang des Nebenwalles 580 Schritt = 435 m, der Durchmesser durch beide Wälle gemessen 390 Schritt = 293 m. Die ganze Anlage ist von einem Graben umgeben. Nachgrabungen förderten einzelne Menschen- und Tierknochen, mittelalterliche Scherben mit Henkeln, Urnenscherben und ein Stück Bronze zutage. Alles lag wirr durcheinander, so daß Schwartz annimmt, daß alle Funde mit der Erde angefahren seien. Die Schanze soll erbaut worden sein von Kasimir dem Großen zwischen 1305-1333. Literatur: Schuster, „Die alten Heidenschanzen Deutschlands." S. 101; Schwartz, Materialien 1880, S. 16. Meßtischblatt 2275. Jahr 1886.

2. Spitzwall von Jedletz. Auf einen Abhang an den Prosnawiesen liegt

neben einem Kirchhof ein Spitzwall, genannt „Generalschwedenberg". Maße: Umfang 500 , Höhe 25 m. Das Meßtischblatt 2348/49, Jahr 1886 bis 1895, deutet ihn nur schwach an.

3. Ringwall bei der Försterei Taczanow. Der Garten dieser Försterei grenzt hart an den Wall. Maße nicht bekannt. Meßtischblatt 2347. Jahr 1887/1900.

Kreis Posen-Ost.

1. Ringwall auf der Dominsel, dem „Ostrow", in Posen. Die sumpfige Umgebung läßt die Vermutung zu, daß hier ein Ringwall die ursprüngliche Siedlung gewesen sei. Wilhelm Schulte[60] vertritt diese von Warschauer[61] stammende Hypothese sehr warm und führt zu ihrer Begründung ähnliche, schlesische Verhältnisse aus den *versus Lubenses* an.

2. Burgwall von Glinno. Dieser Ringwall liegt etwa 250 m vom See im Laubwalde versteckt. Maße nicht bekannt. Meßtischblatt 1858 (s. Abb. 18).

3. Ringwall von Kobylepole. Ein niedriger, napfförmiger Wall liegt am Försterhaus im Gutspark; ein Eingang führt von NW in ihn hinein; er ist wahrscheinlich in späterer Zeit entstanden, da auch der im Napf liegende Kegel, der über den Wall nicht hinausragt, sehr stark angeschnitten ist. Sein Umfang beträgt nur mehr 10 m. Der Ringwall hat einen äußeren Umfang von 170 m, auf der Wallkrone gemessen, beträgt der Umfang 107 m, der Umfang des Napfes beträgt 71 m. Um den Wall herum führt ein Graben, der zum größten Teil neuerdings bedeutend vertieft worden ist. Dadurch ist der Böschungswinkel an diesen Seiten nicht der Ursprüngli- che. An der NO-Seite, an der der Graben flach und trocken verläuft, hat der Wall an der Außenseite einen Böschungswinkel von schätzungsweise

60 W. Schulte, Die Schrodka. Zeitschr. d. Hist. Gesellsch. f. d. Prov. Posen. 22. Jahrg. 2. Halbbd., S. 240/241, 1907

61 Warschauer, Städtebuch von Posen.

20°. Die senkrechte Höhe des Walles beträgt nirgends mehr als 2 m, die schräge Höhe etwa 5-6 m. Bei Nachgrabungen fanden sich Scherben an der Innenseite des Walles, im Napf und am Kegel. Meßtischblatt 1998. Abb. 19 u. 20.

4. Spitzwall südöstlich von Krzesinki, rechts von der Chaussee nach Gondek. Umfang 200 m, schräge Höhe 7-8 m, senkrechte Höhe 3-5 m. Die ganze Umgebung heißt im Volksmunde „Klostorek“ = Kloster, weil hier ein Klosterfriedhof gewesen sein soll. Meßtischblatt 1998.

5. u. 6. Ringwälle im Lendnitza-See. Die Ruine der Burg Ostrow auf der Piasten-Insel im See ist von einem Ringwall umgeben. Auf der kleineren westlicheren Insel liegt ebenfalls ein Ringwall. Pfahlreste führen sowohl von der Piasteninsel zum östlichen Ufer, als auch zur kleineren Insel. Maße unbekannt. Literatur: Kohn und Mehlis, Materialien zur Vorgeschichte des Menschen. Bd. II, S. 65, 78, 79. Schwochow, Ruine Ostrow in „Aus dem Posener Lande“. Jahrgang 1, 1906/07, S. 22. Meßtischblatt 1861. Jahr 1887/1892. Lichtbild im Verlag von O. Eulitz-Lissa.

7. Ringwall von Neugorka, 5 km südöstlich von Pudewitz. Es ist ein ellipsenförmiger Ring in früherem Sumpfgelände gelegen. Die schräge Höhe beträgt 38 m. Bei Nachgrabungen fand man Kohle, Asche, Knochenreste, Scherben und verbrannte Getreidekörner. Das Meßtischblatt verzeichnet ihn nicht.

Kreis Posen-West.

1. und 2. Alte Ringwälle bei Dombrowka. Von diesen ist nur noch der Ringwall südöstlich des Gutes, 250 m vom Bahndamm entfernt, vorhanden. Der kleinere Spitzwall ist abgetragen; er lag rechts vom Wirinkabach, während der Ringwall linksseitig von ihm liegt. In der Zeitschr. f. Ethn. 1878, S. 316 wird der Umfang des Ringwalles mit 250 Schritt = 190 m, der Durchmesser mit 60 m angegeben. Es ist dies der Umfang der ganzen

Anlage. Innerhalb des Ringes liegt ein Kegel, der napfförmig vertieft ist (s. Abb. 21.-23). Der Umfang dieses Kegels beträgt 116 m. Die schräge Höhe ist, da der Wall an manchen Stellen stark abgetragen ist, recht verschieden und schwankt zwischen 6-8 m. Der äußere Ringwall ist ebenfalls an verschiedenen Stellen vollständig abgetragen. An einer Stelle ist auch der um den Kegel führende Graben eingeebnet. Der Spitzwall wird in der Zeitschr. f. Ethn. 1878, S. 316, mit 90 m Umfang und 15 m Durchmesser aufgeführt. Schwartz beschreibt die Wälle in seinen „Materialien“ 1880, S. 16. Er gibt als Funde Scherben vom Burgwalltypus an. Photographie von G. Snowadzki-Posen in Professor Dr. Schütze, Landeskunde der Provinz Posen. Hirt-Breslau 1911, S. 74. Meßtischblatt 1996.

3. Schloßberg von Stenschewo, in einer sumpfigen Wiese der Samica gelegen. Er wird von einem Bahndamm zerschnitten. Schwartz fand auf ihm Spuren von altem Backsteinmauerwerk, doch hält er die obere Fläche des Spitzwalles für die Anlage eines Schlosses zu klein. Der untere Umfang beträgt 350 m, die schräge Höhe im W 16 m, im O 9 ½ m, der Böschungswinkel 30° (s. Abb. 24-26). Literatur mit Sage: Schwartz, Materialien 1880, S. 16 und 1881, S. 4. Meßtischblatt 2063.

4. Ringwall von Pawlowize am Klein-Kiekrz-See. Feldmanowski, Die Ausgrabung von Pawlowize. Posen 1877, beschreibt diesen Wall ausführlich. Danach ist er in den Jahren 1874-77 abgetragen und auf die benachbarten Felder verstreut worden. Der Umfang betrug 220 m, die senkrechte Höhe 6 m und die schräge Höhe 8 m. Der Wall soll an seinem Grunde 8 m breit gewesen sein. Im S befand sich eine Eingangsöffnung. Schwartz erwähnt den Wall in seinen „Materialien“ 1880, S. 16 und 1881, S. 5. An letzterer Stelle gibt er an, daß noch Wallreste vorhanden sind. Gefunden wurden Scherben vom Burgwalltypus, Asche und reichlich Holzkohlen. Meßtischblatt 1928.

Kreis Rawitsch.

1. Kirchhof und Kapelle südwestlich von Dubin liegen auf einem von einem Wassergraben umgebenen Spitzwall. Umfang desselben 180-200 m, senkrechte Höhe 2 m, schräge Höhe 3-4 m. Im Volksmunde heißt die Anlage „Borek", d. h. „Wäldchen", weil früher die Kapelle mit Kiefern umgeben war. Heute dient der Platz als Begräbnisstätte (s. Abb. 27). Meßtischblatt 2490. Jahr 1888/99 verzeichnet außer diesem, noch die Umrisse eines

2. Spitzwalles rechts der Chaussee von Dubin nach Osiek. Dieser Schloßberg wurde in den Jahren 1870-72 abgetragen. Literatur: Schwartz, Materialien 1880, S. 16 unter Kreis Kröben.

3. Spitzwall nördlich der Stadt Sarne. Er wird von einem nach NW offenen Graben umgeben. Umfang 65 m, senkrechte Höhe 4 m, schräge Höhe 10 m, Böschungswinkel 25°. Der Sage nach, soll er eine Wasserburg gewesen sein; ältere Bewohner der Stadt nennen ihn „Kopiec". Da er mit Gartenfrüchten bestellt wird, ist er der endlichen Einebnung verfallen. Meßtischblatt 2489. Jahr 1888//1906.

Kreis Samter.

1. Schanze von Grodziszczko. 1 ¼ km östlich des Ortes verzeichnet das Meßtischblatt 1927 einen halbkreisförmigen Ringwall, der nach S offen ist. Schwartz, Materialien 1880. S. 17, nennt ihn eine viereckige Aufschüttung mit Vertiefung in der Mitte. Maße unbekannt.

2. Schwedenschanze von Jakubowo. Dieser Ringwall, der 1 ½ km südwestlich des Ortes liegt, ist von Virchow als Wall „von Pinne" in der Zeitschr. f. Ethn. 1877, S. 244ff. Eingehend beschrieben. Danach ist es ein steil ansteigender Sandkegel von 15 m Höhe und 22 m Durchmesser, der rings von einem ebenso hohen Wall umgeben wird. Im SW befindet sich ein Eingang; im SO schließt sich an den Hauptwall ein niedriger Vorwall an.

Da Virchow in dieser Wallanlage keine Funde gemacht hat, hält er ihn nicht für prähistorisch, sondern möchte ihn als wirkliche Schanze aus der Schwedenzeit ansprechen. Meßtischblatt 1925.

3. Ringwall auf einer Insel südlich Komorowo im Bythiner See. Schwartz, Materialien 1880, S. 17 führt als hier gelegen einen hohen Wall an, mit einem tiefen Loch in der Mitte. An der höchsten Stelle des Walles wurde ein Fundament aus Feldsteinen vorgefunden. Meßtischblatt 1856 verzeichnet diesen Wall nicht mehr.

4. Schwedenschanze von Königshof (fr. Sendzino). Der Ringwall liegt auf einer sumpfigen Waldwiese zwischen den Armen der Mogilnitza. Auch er ist von Virchow untersucht und als Wall von Zalesie in der Zeitschr. f. Ethn. 1877, S. 252 beschrieben worden. Es ist ein fast kreisrunder Kegel, mit einer napfförmigen Vertiefung, 60-65 Schritt = 48 m im Durchmesser. Um diesen Kegel führt ein tiefer Wassergraben ringsherum. Der Wall ist stellenweise bis 20 Fuß = 6-7 m hoch. Schwartz, Materialien 1880, S. 17 führt ihn auch an. Der Spitzwall von Niegolewo, Kreis Grätz, ist nur 500 m weit entfernt. Meßtischblatt 1994.

5. Schwedenschanze von Lipnica, 2 km nordöstlich des Orte an der Chaussee, im Walde gelegen. Schwartz hat diesen Ringwall untersucht und gibt seinen Umfang zu 430 Schritt = 325 m an. Gefunden wurden reich verzierte Scherben vom Burgwalltypus. Auch fanden sich 3 große Mahlsteine mit je einem Loch in der Mitte, wie sie in Posener Ringwällen bisher noch nicht vorgefunden worden waren. Diesen Ringwall in Verbindung mit dem Spitzwall von Ostroesie bezeichnet Schwartz als „die Wälle von Rudki“. Literatur: Schwartz, Materialien 1880, S. 17 und 1881, S. 3. Meßtischblatt 1855.

6. Spitzwall von Mlodasko (jetzt eingemeindet in Gorgoszewo) dicht am Dorf, am Wege nach Bythin gelegen, hat er einen Umfang von 160

Schritt = 120 m und eine senkrechte Höhe von 12-13 m. Literatur Zeitschr. f. Ethn. 1878, S. 316. Meßtischblatt 1927.

7. Spitzwall von Mühlort (fr. Mlynkowo). Am Wege nach Wilczyn erhebt er sich, etwa 600 m von diesem Ort entfernt. Virchow hat ihn untersucht und gefunden, daß an der Südseite des Kegels sich noch Wallreste von 2-2 ½ Fuß Höhe vorfinden. Er nimmt an, daß dieser Wall früher ganz um den Kegel herumführte. Demnach wäre die Anlage eigentlich als Ringwall anzusprechen. Die senkrechte Höhe des Kegels beträgt 40 Fuß = 12-13 m, der Durchmesser der Kuppenfläche 30 Schritt = 22-23 m. Der Böschungswinkel ist so steil, daß Virchow annimmt, daß dieser Wall nie als „Fliehburg“ Verwendung fand, weil das Hinauftreiben von Vieh fast unmöglich sei. Darum ist er der Meinung, daß der Wall ausschließlich als Opferstätte gebraucht wurde, zumal reichliche Brandüberreste davon Zeugnis ablegen. Literatur: Zeitschr. f. Ethn. 1877, S. 244-251. Meßtischblatt 1926.

8.-10. Zwei Spitzwälle und ein Ringwall westlich des Bahnhofes Neuthal, in der Niederung des Mühlgrabens. Der Ringwall liegt 300 m nördlich der beiden Spitzwälle, von denen der westlicher gelegene, der größere ist. Er hat einen Umfang von 125 m, eine schräge Höhe im O von 25 m, im W von 16 m, die senkrechte Höhe beträgt 10-12 m, sein Kuppendurchmesser 6 m. Der kleinere Spitzwall, der schon zu ¾ abgetragen ist, hat einen Umfang gehabt von 70 m, eine schräge Höhe von 6 m. Das Material, aus dem beide zusammengesetzt sind, ist lehmiger Sand; auf dem größeren Wall fanden sich Scherben, während auf dem kleineren bisher nichts gefunden worden ist. Der Ringwall ist unter Einbeziehung eines Hügels aus gelbem Sande in die Anlage aus humoser Erde, untermengt mit Feldsteinen, aufgebaut. Am Walle sind deutlich mehrere Kulturschichten erkennbar. Es sollen Wenden ihn erbaut haben. Gefunden wurden im Napf in einer Tiefe von 1 ½ m reichlich Knochenreste, Scherben, darunter ein mit Wellenlinien reich verziertes Stück (s. Abb. 28 bis 31) und ein Stück eines Messers. Maße: Durchmesser von Wallkrone zu Wallkrone 24-25 m, schräge Höhe an der Wiesenseite 14-16 m, an der Hügelseite 3 m, an der Innenseite 6 m. Für alle drei Wälle besteht die Gefahr, daß sie zur Auffüllung der umliegenden Wiesen abgetragen werden, der kleinere Spitzwall ist diesem Zwecke schon zum größten Teil zum Opfer gefallen (s. Skizze). Meßtischblatt 1782.

11. Schanze von Niewierz. 350 m östlich des Gutes erhebt sich ein Ringwall am Rande der Mogilnitza-Niederung, dessen Grundflächendurchmesser von Virchow mit 30 Schritt = 22-23 m angegeben wird. Die Wallkrone erhebt sich etwa 30 Fuß = 9-10 m über den umgebenden Boden. Die napfförmige Anlage wurde von einem Graben umgeben, der nur noch zum Teil erhalten ist. Im S ist ein Eingang in den Wall geschnitten, um die Erde abzufahren. Literatur Zeitschr. f. Ethn. 1877, S. 248. Meßtischblatt 1926.

12. Schwedenschanze bei dem Vorwerk Ostrolesie, 1 ¾ km südwestlich von Jastrowo. Auch dieser Ringwall hat die charakteristische Napfform, umgeben von einem Graben, der jetzt schon stark verlandet ist. Der Wall selbst ist mit alten Rüstern bestanden. Schwartz gibt den Umfang mit 100 Schritt = 75 m an, während neuere Messungen von 250 m Umfang berichten, der innere Durchmesser wird mit 20 m, die schräge Höhe mit 18 m, die senkrechte Höhe mit 12 m, der Böschungswinkel mit 40° angegeben. Literatur: Schwartz, Materialien 1880, S. 17 und 1881, S. 3. Mit dem 400 Schritt entfernt liegenden Ringwall von Lipnica unter Rudki aufgeführt. Meßtischblatt 1856.

13. Ringwall östlich Piersko auf einer Insel im Bythiner-See. Er lag halbmondförmig, mit der Öffnung nach Osten. Maße nicht bekannt. Meßtischblatt 1855.

14. Spitzwall von Pinne, zwischen Schloß und See, im Park gelegen.

Virchow nimmt an, daß der Grund, auf dem dieser Schloßberg steht, früher eine Insel war. Gefunden wurden gebrannte Steine und Reste von Mauerwerk. Maße nicht bekannt. Literatur: Zeitschr. f. Ethn. 1877, S. 244ff.

Kreis Schildberg.

1. Ringwall von Grabow. Er liegt an einem Altwasser der Prosna, südöstlich vom Ort. Schwartz berichtet in seinen „Materialien" 1880, S. 17, daß er verfallen sei. Der Durchmesser des Napfes betrug 90 m. Meßtischblatt 2569/70. Jahr 1886/1905.

2. Alte Schanze westlich Grenzheide (fr. Wielowies) im Bruche der Bartsch. Maße nicht bekannt. Literatur: Schwartz, Materialien 1880, S. 15 unter Kreis Adelnau. Meßtischblatt 2496. Jahr 1886.

3. Der Grodturm (R) von Schildberg. Die Ruinen desselben liegen im nordöstlichen Teil der Stadt auf einem Spitzwall. Literatur: Schwartz, Materialien 1880, S. 17. Meßtischblatt 2641. Jahr 1885/1905.

Kreis Schmiegel.

1. Ringwall zwischen Barchlin und Deutsch-Poppen in „einem Wiesenmoor". Als Virchow ihn untersuchte, war er noch kreisrund und napfförmig, seine senkrechte Höhe betrug 24 Fuß = 7 ½ m; nach außen fiel er steil ab, während er sich nach innen allmählich verflachte. Der Grund des Kessels lag noch etwa 6-8 Fuß = 2-2 ½ m über dem Wiesengrund. Jetzt ist von dem Wall nur noch die nordöstliche Hälfte vorhanden. Literatur: Zeitschr. f. Ethn. 1875, S. 10 und 99. Meßtischblatt 2196.

2. Ringwall bei dem früheren Dorfe Belsch (fr. Alt-Bialcz). Er liegt in einer moorigen Wiese links vom Obra-Südkanal und wird von der NO-Seite von einem Weg durchschnitten. Maße nicht bekannt. Meßtischblatt 2197.

3. Ringwall von Czacz. Dieser fast viereckige Napf liegt im sumpfigen Wiesengelände des Samnitza-Baches an der Grenze des Gutsparkes. Maße: Umfang 140 m (je 38 m und 32 m Seitenlänge), innerer Durchmesser O-W 23 m, N-S 15 m, schräge Höhe 10 m, senkrechte Höhe 4 m, Böschungswinkel 45°. Literatur: Schwartz, Materialien 1880, S. 16 unter Kreis Kosten. Meßtischblatt 2197.

4. Spitzwall von Kaminiec. Er liegt im Gutspark und ist mit Gebäuden bestanden. Maße unbekannt. Meßtischblatt 2129.

5. Schwedenschanze von Kotusch. Der Ringwall liegt in einer sumpfigen Wiese zwischen Obra-Nord- und Obra-Mittel-Kanal. Maße nicht bekannt. Literatur: Schwartz, Materialien 1880, S. 16 unter Kryzyzyn im Kreis Kosten. Meßtischblatt 2129.

6. Ringwall von Deutsch-Presse. Schwartz, Materialien 1880, S. 16 verzeichnet unter Kreis Kosten bei diesem Ort eine Schwedenschanze. Das Meßtischblatt 2197 vermerkt hier keinen Ringwall, vielleicht ist er mittlerweile abgetragen worden.

7. Ringwall von Wielichowo. Er liegt südwestlich des Ortes in einer Wiese nördlich des Obra-Nordkanals; Maß nicht bekannt. Meßtischblatt 2195.

Kreis Schrimm.

1. Alte Schanze von Binkowo. Ungefähr in der Mitte zwischen Binkowo, Großlinde und Dobczyn liegt in einer sumpfigen Wiese des Grenzgrabens ein Ringwall. Maße unbekannt. Meßtischblatt 2200.

2. und 3. Ringwall und Spitzwall von Bnin. Sie liegen auf einer Halbinsel am Nordende des Bniner Sees, hinter der Kirche zu Bnin. Der Ringwall wird beackert und büßt seine ursprüngliche Form mehr und mehr ein.

Schwartz fand Scherben und im See Pfähle. Der Spitzwall ist gut erhalten. Maße unbekannt. Literatur: Schwartz, Materialien 1880, S. 17. Meßtischblatt 2065. (S. Abb. 32).

4. Ringwall von Emchen. Schwartz, Materialien 1880, S. 17 verzeichnet bei diesem Ort eine „alte Schanze". Das Meßtischblatt 2201 weist ihn nicht mehr nach. Ebenso verhält es sich mit

5. dem Wall von Grzybno, der von Schwartz ebenda aufgeführt, von dem Meßtischblatt 2133 nicht mehr gebracht wird. Es ist anzunehmen, daß beide Wälle zur Zeit der Aufnahme der Meßtischblätter schon abgetragen waren.

6. und 7. Spitzwälle im Os bei Ludwigshöhe am Budzyner See. (Dazu eine Skizze im Maßstab 1:2500. Abb. 33) Dieser Os ist an seinem südöstlichen Ende in mehrere Hügel zerschnitten. Die Meinung, daß die Einschnitte zwischen den einzelnen Hügeln, von durch Spalten im Gletschereise herabstürzenden Wassermassen ausgewachsen seien, kann nicht aufrecht erhalten werden, wenn man die Ausdehnung des Os nach seiner Breite und Höhe genauer beachtet. Dort, wo der erste Einschnitt liegt, hat der Os dieselbe Breite, die der letzte Zipfel aufweist. Die drei dazwischen liegenden Hügel, namentlich die beiden viereckigen, haben eine bedeutend geringere Breite. Vom Osende gesehen, ist die frühere Grundlinie des Os, bis zum südöstlichen Zipfel, noch ziemlich deutlich zu beiden Seiten der Hügel zu erkennen. Sieht man vom Bahndamm an der Nordseite des Budzyner Sees auf den Os, so erkennt man, daß namentlich die beiden viereckigen Hügel in der Höhe um ein gutes Stück über das Osende und den Oszipfel hinausragen. Es ist nicht anzunehmen, daß das Wasser die Einschnitte so geometrisch regelmäßig auswusch, daß sie z. B. in ihrer Breitenausdehnung nur um ein Geringfügiges voneinander abweichen. Zudem würde das Wasser die Hügel, statt sie zu erhöhen, wohl eher erniedrigt haben. Es beträgt aber der Höhenunterschied zwischen dem Osende und

dem Hügel I 1,51 m und zwischen dem Hügel II und dem Oszipfel sogar 1,81 m, während beide viereckigen Hügel nur einen Unterschied von 95 cm aufweisen. Daher ist als feststehend anzusehen, daß von Menschenhand die Erdmassen der Einschnitte und zu beiden Seiten der Hügel I und II zur künstlichen Aufhöhung dieser beiden benutzt worden sind. Zahlreiche Scherbenfunde und die Reste eines Backsteinmauerwerks etwa 1 m unter der Kuppenoberfläche des Hügels I unterstützen diese Auffassung. Die gefundenen Scherben aus rohem, grauem Ton und ebenfalls die vielen gefundenen Knochenreste gleichen ganz den Funden auf slawischen Ring- und Spitzwällen, so daß man nicht fehlgeht, wenn man die beiden Hügel I und II als slawische Spitzwälle ansieht. Dieser Meinung sind auch Dr. P. Krische und Dr. C. Riemann[62]. Dr. E. Blume[63] sagt:

„Auf dem 2. Hügel des mehrfach in auffälliger Weise unterbrochenen OS am Budziner See wurden beim Ausflug der anthropologischen Gesellschaft am 3. 8. 1909 verschiedene Reste aus spätslawischer Zeit gefunden.“

Diese Funde sind vom Museum katalogisiert unter 1909, Nr. 728-732.

Auch auf dem Vorwall zwischen dem Osende und dem Hügel I findet man Scherben, doch nicht so zahlreich, als auf Hügel I und II. Die Maße der beiden Spitzwälle sind: Hügel I: Umfang 200 m, senkrechte Höhe 7,76 m, schräge Höhe 13 m, Böschungswinkel 36°. Hügel II: Umfang 130 m, senkrechte Höhe 6,81 m, schräge Höhe 10 ½ m, Böschungswinkel 34°. Von Mitte der südöstlichen Seiten der Hügel I und II, führen nach beiden Seiten hin Fußpfade auf die Kuppe hinauf (s. Abb. 34-37). Meßtischblatt 2063.

Kreis Schroda.

1. Schwedenschanze von Chlapowo. Dieser Spitzwall, südwestlich des Gutes gelegen, ist aus dem Rande des Tales der Moskawa herausgeschnit-

62 Dr. P. Kriesche und Dr. C. Riemann, Die Provinz Posen. Ihre Geschichte, Kultur usw. Staßfurt 1907, S. 108

63 Dr. E. Blume, Erwerbungen des Kaiser Friedrich-Museums zu Posen vom Juli-Dezember 1909. Mannus Bd. 3, S. 297, 1911.

ten und von fast viereckiger Gestalt. Der Umfang der Kuppenfläche beträgt 86 m. Rings herum führt ein ein tiefer, jetzt verlandeter Graben, der die Erdmassen für die Aufschüttung hergegeben hat. Nur an der Talseite ist der Graben teilweise verschwunden. An der Ostseite führt ungefähr in der Mitte ein Einschnitt an der ganzen Höhe empor, der vielleicht als Aufgang gedient hat. Böschungswinkel in diesem Einschnitt 30°, sonst 35°. Die senkrechte Höhe beträgt 7 m, die schräge Höhe 13 m. Literatur: Schwartz, Materialien 1880, S. 17. Meßtischblatt 2000.

2. Ringwall von Czanotek. Er liegt 2 km südlich des Ortes am linken Ufer des Miloslawer Fließes. Maße nicht bekannt. Meßtischblatt 2134.

3. Alte Schanze von Deutscheck (fr. Trzek). Eben nördlich des Ansiedlerdorfes erhebt sich ein kreisrunder, napfförmiger Ringwall, umgeben von einem 6 m breiten Graben. Die senkrechte Höhe beträgt 5,35 m, der Durchmesser des Kessels 21 m, die Wallbreite 26 ½ m an der Basis, so daß der ganze Durchmesser, zwischen den Außenrändern der Gräben gemessen, 86 m beträgt. Das entspricht einem Umfang von 270 m. In den siebziger Jahren des vorherigen Jahrhunderts soll beim Fuchsgraben eine schwere, silberne Kette von 1 ½ m Länge und Fingerdicke gefunden worden sein. Literatur: A. Götze, Die Schwedenschanze bei Trzek, Kreis Schroda, Provinz Posen. (Nachrichten über deutsche Altertumsfunde 1898, S. 48 und Zeitschr. f. Ethn. 1898.) Meßtischblatt 1999.

4. Ringwall von Dzierznica. Um drei Seiten des Teiches im Gutspark zieht sich ein Wall herum, auf dem vereinzelt slawische Tonscherben zu finden sind. Maße: Umfang 150 m, senkrechte Höhe 3 m, schräge Höhe 4 ½ m, Böschungswinkel 30°. Meßtischblatt 2000.

5. Grodzisko (Schanze) von Giecz. Dieser Ringwall gehört zu den größten und schönsten Anlagen in der Provinz. Von dem Dorfe trennt ihn eine sumpfige Wiese, auch auf den anderen Seiten ist er, außer an der Ein-

gangsseite, von Wiesengelände umgeben. Es ist ein großer, fünfeckiger Napf, der rings von einem Graben, der an mehreren Stellen allerdings schon eingeebnet ist, umgeben ist. Der Umfang der ganzen Anlage ist nach Dr. Szulc in Kohn und Mehlis, Materialien zur Vorgeschichte des Menschen Bd. II, S. 64, gegen 940 Schritt = 700 m groß. Der Wall soll „auf einem Roste von Bohlen, der auf eichenen, in den Sumpf gerammten Pfählen ruht, aufgeschüttet sein". Die senkrechte Höhe beträgt durchschnittlich 9-10 m; die Erniedrigung an der Seeseite ist auf spätere Abtragung zurückzuführen. Die schräge Höhe wurde noch am Eingang mit 19 m gemessen. Der Durchmesser des Napfes wird von Dr. Szulc mit 280 Schritt = 210 m angegeben. Der Böschungswinkel beträgt 30°. Schwartz fand bei seiner Untersuchung auf der Westseite, außerhalb des Walles, in 100 Schritt entfernung, einzelne Eichenpfähle im Grunde und gibt an, daß solche auch an der dem Dorfe Giecz zugekehrten Seite gefunden sein sollen, angeblich die Reste einer Brücke vom Wall zum Dorf. Scherben und Knochen fand er nur vereinzelt vor. Dies rührt wohl daher, daß der Ringwall seit Menschengedenken in seinem Innern eine kleine Kirche, ein Pfarrgehöft, mit Haus und Scheune, die Organistenwohnung und einen Kirchhof birgt und auf den übrigen Wallabhängen mit Gartenfrüchten bestellt wird. Von Süden her, führt ein Eingang in den Napf (s. Abb. 38 und 39). Literatur: Siehe oben und Schwartz, Materialien 1880, S. 17, sowie Snowadzki, Der Burgwall bei Giecz, in „Aus dem Posener Lande" Jahrgang I, 1906/07, S. 76. Lichtbild im Verlag von O. Eulitz-Lissa. Meßtischblatt 2000. Auch auf diesem Blatt fällt die nahe Lage eines Ringwalles (Giecz) bei einem Spitzwalle (Chlapowo) auf.

6. Schwedenschanze von Gultowy. Ein Spitzwall liegt 1 km nordöstlich Gultow und 1 ¾ km südlich Briesen. Er wird gewöhnlich als Schloßberg von Briesen bezeichnet. Eine so benannte Abbildung dieses Spitzwalles findet sich in Dr. Kremmer und Dr. Dalchow, Die Provinz Posen. Berlin-Stuttgart 1911. Maße unbekannt. Meßtischblatt 2000.

7. Alte Schanze südöstlich von Jaroslawice. Auf dem Moorgrund am Schrodaer Fließ liegen die Reste eines Ringwalles. Schon der Bahndamm hat ihn angeschnitten und der Rest von etwa 100 m Umfang, 60 m Durchmesser, 4-5 m senkrechter und 7-8 m schräger Höhe ist der Gefahr des Eingeebnetwerdens sehr stark ausgesetzt. Meßtischblatt 2066.

8. und 9. Schanze und Schwedenschanze von Nekla. Beide, Spitzwall und Ringwall, sind so gründlich abgetragen, daß ihre Lage nicht mehr bestimmbar ist. Schwartz berichtet, daß an den Ringwall sich ein Langwall angeschlossen habe, der in nördliche Richtung verlaufen sei. Der Spitzwall unter Nr. 6 ist von diesen Wallstätten nur 3 km entfernt. Meßtischblatt 2000.

10. Alte Schanze von Falkenrode. Es war ein Ringwall, 500 m südlich des Gutshofes gelegen. Vorgenommene Untersuchungen haben ergeben, daß ein vorhandener Hügel in der Weise benutzt wurde, daß etwa in halber Höhe um den höchsten Punkt ein Graben ausgehoben wurde. Die Erde wurde nach außen geworfen, und es entstand der ringförmige Wall, der in der Mitte einen Kegel einschloß. Kegel und Wall haben ungefähr gleiche senkrechte Höhe gehabt, ersterer war 4-5 ½ m, letzterer 4 ½ m hoch. Ein äußerer Graben ist nicht vorhanden gewesen. Der Umfang des Walles betrug etwa 200 m. In dem Wall fanden sich Holzeinbauten aus Bohlen und dünnen Stämmen bestehend, ohne besondere künstliche Lagerung. Diese Einbauten waren etwa 2 ½ m stark. Leider ist auch dieser interessante Wall vollständig abgetragen und seine Stelle wird jetzt beackert. Literatur: A. Götze, Die Schwedenschanze von Sokolniki bei Gultowy, Kreis Schroda, Provinz Posen. (Nachrichten über deutsche Altertumsfunde 1898, S. 84/85 und Zeitschr. f. Ethn. 1898.) Meßtischblatt 1999.

11. Schwedenschanze südlich Wagowo. Sie liegt ungefähr 2 km vom Ort entfernt in ziemlich sumpfigen Nadelwald. Maße unbekannt. Meßtischblatt 1932.

Kreis Wreschen.

1. Der Mühlenberg beim Gute Biechowo, etwa 200 m vom Bahnhof, ist ein Spitzwall, auf dem bis 1913 eine Mühle stand. Daher der Name. Gefunden wurden Urnen und Geweihreste. Der humose Boden des Spitzwalles ruht zum Teil auf Pfählen und Balken. Maße: Umfang 450 m, senkrechte Höhe 2-5 m. Meßtischblatt 2068. Jahr 1887/98.

2. und 3. Ringwälle von Graboszewo. Sie liegen südöstlich des Gutes, am sumpfigen, rechten Ufer der Struga. Nach Aufzeichnungen in der Chronik der Schule zu Graboszewo sind sie mit Gräben umgeben und haben die bekannte Napfform. Der größere von ihnen hat einen Umfang von 68 m, einen inneren Durchmesser von 10 m, eine schräge Höhe von 8 m, eine senkrechte Höhe von 6 m und einen Böschungswinkel von 50°. Meßtischblatt 2069/70. Jahr 1887/1903.

4. Schwedenschanze von Parusewo. Dieser Ringwall liegt 600 m westlich von Parusewo am Waldrande. Auch er hat die Napfform, ist aber größer, als die vorgenannten Wälle. Umfang 174 m, innerer Durchmesser 36 m, senkrechte Höhe 4 m, schräge Höhe 9-10 m, Böschungswinkel 35°. Meßtischblatt 2069/70. Jahr 1887/1903.

5. Ringwall von Zerniki. Dieser südöstlich des Gutes gelegene Wall geht auch dem Verfall entgegen, da sein Napf als Sandgrube ausgebeutet wird. Skelettfunde sind gemacht worden, doch hat man sie in der Nähe wieder vergraben. Die polnische Bevölkerung erzählt sich, daß nächtlicherweile berittene Krieger hier erscheinen. Der volkstümliche Name der Wallstätte ist „Gromisko"-Gräber. Maße: Umfang 540 m, senkrechte Höhe 6 m, schräge Höhe 10 m, Böschungswinkel 37°. Meßtischblatt 2000.

Schlußbemerkung.

Behla stellte nach den genannten Quellen 102 Ring- und Spitzwälle in der Provinz Posen fest. Genaue Durchsicht der Karte des Deutschen Reiches 1:25000 und die Versendung von ungefähr 150 Fragebogen, von denen die wenigsten allerdings beantwortet worden sind, ließ die Zahl der Wallstätten, vorhandene und abgetragene, auf 225 ansteigen. Trotzdem sind wohl noch nicht alle erfaßt; doch ist ihre Zahl ausreichend genug, um über diese, trotz aller Forschung, noch in mancher Beziehung rätselhaften Plätze prähistorischer Kultur erschöpfende Auskunft geben zu können. Zur Förderung einer umfassenden, planmäßigen Erforschung der Ringwälle würde eine genaue Kartierung aller Ringwallstätten in allen in Betracht kommenden Ländern und Landesteilen wesentlich beitragen; jedoch ist eine solche erst im Entstehen begriffen. Dahin gehört der „Atlas vorgeschichtlicher Befestigungen in Niedersachsen" von Oppermann-Schuchhardt. Hannover. Die schlesischen Wälle sind kartiert in Zimmermann: Vorgeschichtliche Karte von Schlesien. Breslau 1878. Eine ebensolche Karte für die Provinz Westpreußen ist herausgegeben von Dr. A. Lissauer in: Die prähistorischen Denkmäler der Provinz Westpreußen. Leipzig 1887. In ihr sind die Ringwälle nicht vollständig verzeichnet; es fehlen z. B. die große Schwedenschanze bei Kisin und der Burgwall bei Scharnau, nahe der von E. Hollack herausgegeben – Flemming, Glogau-Berlin 1908 – verzeichnet für die Provinz eine große Zahl Wallstätten, die, ähnlich wie in Posen, meistens „an den Ufern der Flüsse" liegen. (E. Hollack, Erläuterungen zur vorgenannten Karte S. LXXXII.) Für einen kleineren Bezirk haben noch kartiert Bartelt und Waase, Die Burgwälle des Ruppiner Kreises. Mannus-Bibliothek Nr. 4. Würzburg 1911.

Eine Zusammenstellung aller dem Verfasser bekannt gewordener „Ringwall"-Literatur ist angehängt.

Übersicht über die Literatur zur Ringwallkunde.

1. ***Agahd, R.*** und ***C. Schuchhardt***, Zwei altgermanische Burgen an der Oder. 1. Der Burgwall von Lossow bei Frankfurt a. O. - 2. Der heilige Stadtberg bei Schöningen südlich Stettin. Prähist. Zeitschr. Bd. III, S. 308/329, 1911.

2. ***Albrecht, G.***, Der große Ringwall im Klessener Zootzen. Der Bär. 26. Jahrg., S. 548/549, 1900.

3. ***Alfieri***, Der Burgwall bei Neuzella. Zeitschr. f. Ethn. Bd. XII, S. 224/225, 1880.

4. ***Altertumskommission der Provinz Westfalen***, Atlas vor- und frühgeschichtlicher Befestigungen in Westfalen. Heft I, II, III und Tafeln I-X-XII. Münster 1920.

5. ***Andree, Richard***, Prähistorisches von der unteren Werra: Darin Beschreibung der „Römerschanze" bei Sooden a. d. Werra Zeitschr. f. Ethn. Bd. XVIII, S. 508/510, 1886.

6. ***Andree, Richard***, Ein Ringwall im Hörnegebirge. Ebenda Bd. XIX, S. 727/729, 1887.

7. ***Andree, Richard***, Die vorgeschichtlichen Altertümer in der Umgegend Leipzigs. Korrspbl. Deutsche Gesellsch. 1877, S. 8.

8. ***Anthes, E.***, Die Schanzenwerke in der Rheinebene bei Lorsch. Jahresber. d. Südwestdeutschen Verbandes f. Altertumsforschung. Prähist. Zeitschr. Bd. I, S. 243/246, 1909.

9. ***Anthes, E.***, Der gegenwärtige Stand der Ringwallforschung. Röm.-germ. Forschungen 1905, S. 26/48; 1906/07, S. 32/52. Darin zahlreiche Literaturangaben.

10. ***Bachmann, E.***, Grimma, Kloster Nimbschen und der slawische Burgwall bei Schaddel. Leipziger Tageblatt 1903, Nr. 475, 477.

11. ***Bachmann, E.***, Die Pflanzenreste des Schlackenwalls auf dem Eisenberge bei Pöhl. Mitt. d. Altertumsver. Plauen Bd. 23, S. 209/215, 1913.

12. ***Baldes, Heinr.***, Ringwall auf dem Elsenfels (Birkenfeld). Röm.-germ. Korrespbl. VII, S. 65/67, 1914.

13. ***Bartelt und Waase***, Die Burgwälle des Ruppiner Kreises. Mannus-Bibl. Nr. 4. Würzburg 1911.

14. ***Behla, R.***, Germanische und ursprünglich germanische Ringwälle in der Niederlausitz und im Elstergebiet. Verhandl. d. Berl. Antropol. Gesellsch. 1880, S. 419/430.

15. ***Behla, R.***, Die vorgeschichtlichen Rundwälle im östlichen Deutschland. Berlin 1888.

16. ***Behla, R.***, Der Freesdorfer Borchelt. Zeitschr. f. Ethn. Bd. XIV, S. 318/319, 1882.

17. ***Behla, R.***, Germanische und ursprünglich germanische Rundwälle in der Niederlausitz und im Elstergebiet. Ebenda Bd. XIV, S. 450/454, 1882.

18. ***Behla, R.***, Tonlöffel und Ringwälle im Luckenauer Kreise. Ebenda Bd. XVI, S. 251, 252, 1884.

19. ***Behla, R***., Drei neuentdeckte Rundwälle in der Umgebung Luckaus. Ebenda Bd. XIX, S. 603, 1887.

20. ***Behla, R.***, Zwei neue Rundwälle des Luckauer Kreises mit vorslawischen Resten. Ebenda Bd. XIX, S. 378, 1887.

21. ***Behla, R.***, Neu bekannt gewordene Rundwälle im Kreise Luckau. Ebenda Bd. XX, S. 256, 1888.

22. ***Behla, R.***, Neu bekannt gewordene Rundwälle im Kreise Löwenberg (Prov. Schlesien). Ebenda Bd. XX, S. 321, 1888.

23. ***Behla, R.***, Funde von Menschenknochen im Schliebener Burgwall. Ebenda Bd. VIII, S. 794/795, 1895.

24. ***Behla, R.***, Zur Rundwalluntersuchung. Niederlauf. Mitt. Bd. I, S. 55, 1890.

25. ***Behla, R.***, Funde in der abgetragenen Schanze bei Neuendorf, Kr. Luckau. Ebenda Bd. I, S. 67, 1890.

26. ***Beltz, Dr. R.***, Ansiedlung und Burgwall von Behren-Lübschin. Jahrb. d. Ver. f. Mecklenb. Gesch. u. Altertumsk. 58. Jahrgang., S.

206/207, 1893.

27. ***Beltz, Dr. R.***, Der Burgwall von Neu-Nieköhr (Walkendorf). Ebenda S. 207/214.

28. ***Beltz, Dr. R.***, Der Burgwall von Laage. Ebenda S. 214.

29. ***Beltz, Dr. R.***, Skelettgräber auf dem Burgwall von Alt-Bukow. Ebenda S. 227/228.

30. ***Bergner, H.***, Burgwälle und Burgruinen im Amtsbezirk Kahla. Mitt. d. Ver. f. Gesch. u. Altertumsk. Zu Kahla und Roda Bd. VI, 1901, Heft Kahla.

31. ***Bersu, Gerh.***, Die Lenensburg im Argental. Fundberichte aus Schwaben. XXI, S. 32/39, 1913.

32. ***Bezzenberger***, Der Schloßberg bei Pilzen (Kr. Preuß.-Eylau). Sitzungsber. d. Altertumsgesellsch. Prussia S. 21, 1900.

33. ***Blasius, W.***, Schlackenwall der Hetschburg a. Ilm. 9. Jahresber.. d. Ver. f. Naturw. zu Braunschweig (für 1894/95, S. 43). Braunschweig 1903.

34. ***Blume, Dr. E.***, Erwerbungen des Kaiser Friedrich-Museums zu Posen von Juli-Dezember 1909. Mannus Bd. III, S. 297, 1911.

35. ***Blume, Dr. E.***, Aus der Provinz Posen. Erwerbungen des Kaiser Friedrich-Museums zu Posen im Jahre 1910. Ebenda Bd. VII, S. 166, 1915

36. ***Bode, Fr.***, Die Schanze bei Zwochau. Neue Mitt. d. Thür.-Sächs. Ver. f. Altertumsk. Bd. XXIV, S. 240/242, 1910.

37. ***Boehlau, Eisentraut, Hofmeister, Lange***, Die Altenburg bei Niedenstein (Kr. Fritzlar). Zeitschr. f. hessische Geschichte N. F. 33, S. 23, 1909.

38. ***Bose, v.***, Über Schanzen bei Oschatz und Opferplätze. Ber. a. d. Mitgl. d. Deutsch. Gesellsch. In Leipzig 1881, S. 11/13.

39. ***Braun, H.***, Der ehemalige Rundwall bei Alt-Coschütz. Sonntagsbeilage des Dresdener Anzeiger 1903, Nr. 42, S. 186/187

40. ***Brenner, Ed.***, Die Früh-Latènebefestigung auf der „Burg“ bei Rittershausen (Dillkreis). Korrspbl. d. Gesamtver. d. deutsch. Gesch.- u. Altertumsv. LXI, S. 99, 1913.

41. ***Brenner, Ed.***, Die Funde von Ringwall „Burg“ bei Rittershausen

(Dillkreis). Prähist. Zeitschr. Bd. V, S. 272, 1913.

42. ***Brunner, K.***, Ein Bronzefund vom Schloßberg bei Witzen, Kreis Sorau. Nachr. Über deutsche Altertumsf. 1904, S. 46/50.

43. ***Buchholz***, Vorgeschichtliche Begräbnis- und Wohnstätten. Darin beschrieben die Burgwälle von Görbitsch, Pollenzig und Bottschow. Zeitschr. f. Ethn. Bd. XXII, S. 372/373, 1890.

44. ***Buchholz***, Funde von einer wendischen Burgwallstelle in Treuenbritzen. Nachr. Über deutsch. Altertumsfunde 1893, S. 47/48.

45. ***Buchholz***, Zwei Burgwälle bei Königsberg/Nauen. Ebenda 1893, S. 73/80.

46. ***Buchholz***, Brandgräberfeld und Wendischer Burgwall in der Feldmark Kostlin, Kr. Westpriegnitz. Ebenda 1895, S. 57/59.

47. ***Buchwald, G. v.***, Der Ursprung der Rundlings. Globus, Bd. 79, S. 293/298, 318/323.

48. ***Buschan, G.***, Ein spätslawischer Burgwall bei Sonnenfeld. Zeitschr. f. Ethn. Bd. XX, S. 433/434, 1888.

49. ***Busse, H.***, Der Fischerwall im Dehmsee. Ann. d. Ver. f. Nassauische Altertümr u. Geschichte Bd. 31, S. 280/284, 1900.

50. ***Busse, H.***, Der Burgwall bei der Spitzmühle. Mannus Bd. 5, S. 113/114, 1913.

51. ***Busse, H.***, Märkische Fundstellen von Altertümern. Zeitschr. Ethn. Bd. XXVII, S. 454/456, 1895.

52. ***Busse, H.***, Der Burgwall vom Räuberberg bei Görsdorf, Kr. Beeskow-Storkow. Der Burgwall in Buckow, Kr. Beeskow-Storkow. Ebenda Bd. XXVIII, S. 129/130, 1896.

53. ***Busse, H.***, Der Burgwall bei Leibsch im Unterspreewald. Ebenda Bd. XXIX, S. 56, 1897.

54. ***Busse, H.***, Der Fischerwall im Dehm-See, Kr. Lebus, Prov. Brandenburg. Ebenda Bd. XXXII, S. 280/282, 1900.

55. ***Busse, H.***, Der Ruinenberg am Dretz-See, Kr. Ruppin. Nachr. Über deutsche Altertumsfunde 1901, S. 16.

56. ***Canzler, R.***, Sorbische Verschanzungen im Tiergarten zu Colditz.

Colditzer Wochenblatt 1831, S. 46.

57. ***Christ, Gust.***, Alte Befestigungen auf dem Ölberg bei Schriesheim. Mannheimer Geschichtsbl. XV, S. 159/164, 1914.

58. ***Cohausen, v.***, Die Wallburgen, Landwehren und alten Schanzen d. Reg.-Bez. Wiesbaden. Nass. Ann. XV, S. 343.

59. ***Cohausen, v.***, Wallburgen. Ebenda XVII, S. 107.

60. ***Cermak, Klim.***, Archäologische Forschungen auf dem Hradek in Czaslau. Zeitschr. f. Ethn. Bd. XVIII, S. 653/664, 1886; Bd. XIX, S. 466-480, 1887.

61. ***Conwentz, H.***, Pfahlbau und Burgwall von Kl. Ludwigsdorf, Kr. Rosenberg in Westpreußen. Nachr. Über deutsch. Altertumsfunde 1892, S. 81/82.

62. ***Conwentz, H.***, Verzeichnis der westpreußischen Burgwälle. Amtl. Ber. d. Westpr. Prov.-Mus. 1896, S. 47.

63. ***Crüger, G. A.***, Über die im Regierungsbezirk Bromberg (Alt-Burgund) aufgefundenen Altertümer und die Wanderstraßen römischer, griechischer, gotischer und keltischer Heere von der Weichsel nach dem Rhein. Mainz 1872. S. 24/34.

64. ***Dachler, A.***, Erdburgen in Niederösterreich. Mitt. d. Altertumsver. 3. Wien XLV, 1912.

65. ***Danilewitsch***-Kiew, Untersuchung russischer Ringwälle (Gorodischtscha) in den Gouvernements Kiew und Poltawa. Prähist. Zeitschr. Bd. III, S. 360, 1911.

66. ***Déchelette***, Note sur I´Oppidum de Bibracte et le principales stations Gauloises contemporaines. Extrait des Comptes-Rendus du Congrè Intern. d´Anthrop. etc. XII. session. Paris 1900. S. 418.

67. ***Déchelette***, Le Hradischt de Stradonie en Bohême et les fouilles de Bibracte. Macon 1901.

68. ***Déchelette-Pič***, Le Hradischt de Stradonitz. Leipzig 1906.

69. ***Deichmüller, I.***, Slawische Gefäßscherben vom Schloßberge zu Dohne. Isis 1889, S. 11, Ber.

70. ***Diest, H. v.***, Zur Geschichte und Urzeit des Landes Daber. Stettin

1904.

71. ***Dorr, Rob.***, Westpreußische Burgwälle. Westpreußen in Wort und Bild Bd. II, S. 40ff. Programm des Elbinger Realgymnasiums. Elbing 1894.

72. ***Döring, H.***, Der Burgwall von Alt-Oschatz. Isis 1892, S. 8/9.

73. ***Döring, H.***, Der Burgwall von Leckwitz. Ebenda 1892, S. 9/10, Ber.

74. ***Döring, H.***, Burgwall von Klein Säubernitz. Ebenda 1894, S. 33/34, Ber.

75. ***Döring, H.***, Slawische Reste auf dem Lupitzer Spitzberge. Ebenda 1894, S. 10/11, Ber.

76. ***Döring, H.***, Der Burgwall von Klein Böhla bei Oschatz. Ebenda 1894, H. 2, S. 67/70.

77. ***Döring, H.***, Neue Burgwallfunde vom Burgberg in Niederwartha. Ebenda 1897, S. 22, Ber.

78. ***Döhring, H.***, Burgwall bei Förstgen. Ebenda 1904, S. 8, Ber.

79. ***Döhring, H.***, Die Schwedenschanze in Alt-Oschatz. Oschatzer Tageblatt 1892, Nr. 85, S. 5/6, Nr. 86, S. 5.

80. ***Döring, H.***, Der Burgwall auf dem Lupitzer Spitzberge. Wurzener Neueste Nachrichten 1899, 10. Dez. Beilage.

81. ***Döring, H.***, Der Burgberg bei Zittau. Zittauer Nachrichten 1883, August, Nr. 187. Zeitschr. f. Ethn. Bd. XVI, S. 133/154, 1884.

82. ***Döring, H.***, Ein großer Bronze-Depotfund bei Nassenhaide. Neue Stettiner Zeitung 1884, Nr. 576, 8. Dez. Zeitschr. f. Ethn. Bd. XVI, 564/565, 1884.

83. ***Döring, H.***, Ringwall bei Behringen, Kr. Soltau, Hannover. Zeitschr. f. Ethn. Bd. XIX, S. 720/721. 1887.

84. ***Döring, H.***, Die „olde Burg“ am Heidener Venne, Münsterland. Nachr. über deutsch. Altertumsfunde 1894, S. 60/62.

85. ***Eickhoff, P.***, Die „Erdburg“ bei Harsewinkel. Ravensbg. Bl. XIV, S. 70, 1914.

86. ***Eidam, Dr.***, Eine prähistorische Befestigung auf der gelben Burg

bei Gunzenhausen. Korrspbl. d. deutsch. Ges. f. Ethn. u. Urgesch.. Bd. XLIII, S. 140/141, 1912.

87. ***Falke, E.***, Der Schlackenwall auf der Martinskirche (Thüringen). Zeitschr. f. Ethn. Bd. XXVII, S. 571/572, 1895.

88. ***Feyerabend***, Die Entstehung der Schlackenwälle und die verschiedenen Typen der Burgwälle in der Oberlausitz. Mannus, Erg.-Bd. I, S. 51, 1910.

89. ***Feyerabend***, Der Doppelwall von Ostro bei Kamenz, O.-L. Korrspbl. f. Anthropol. XLIV, S. 101, 1913.

90. ***Fischer, E.***, Über die Heidenschanze bei Koschütz. Isis 1870, S. 58/59.

91. ***Franke***, Forschungen und Funde im Kreise Neustadt, Oberschlesien. Oberschlesien Bd. IX, S. 284ff.

92. ***Frege***, Die Schanze bei Zwochau. Neie Mitt. d. Thür.-Sächs. Ver f. Altertumsk. 1834, Bd. 1, H. 3, S. 119/122.

93. ***Freudenthal***, Fr., Vorgeschichtliche Wälle bei Handorf. Niedersachsen. II. Jahrg., 1896/97, S. 196/198.

94. ***Freund***, Der Burgwall Alt-Lübeck an der Trave. Ber. i. d. Prähist. Zeitschr. Bd. III, S. 369, 1911.

95. ***Friedel***, Verglaste Burgwälle in Shottland. Zeitschr. f. Ethn. Bd. X, S. 359/360, 1878.

96. ***Friedel***, Funde von Mönchswerder bei Feldberg, Mecklenburg -Strelitz. Ebenda Bd. XII, S. 308/313, 1880

97. ***Friedel-Goetze***, Burgwälle bei Zossen und Trebbin. Ebenda Bd. XIII, S. 137/142, 1881.

98. ***Gehrich***, Der Schloßberg von Medewitz (Pommern). Zeitschr. f. Ethn. Bd. VI, S. 13/14.

99. ***Giesebrecht, L.***, Über den Burgwall bei Kriwitz. Baltische Studien Bd. X, H. 2, S.175, 1884. Stettin. Sannier.

100. ***Giesebrecht, L.***, Die Burgwälle der Insel Rügen. Ebenda Bd. XII, H. 2, S. 156/178, 1886.

101. ***Giesebrecht, L.***, Die Burgwälle der Insel Rügen nach den auf

Befehl Sr. M. Des Königs im Sommer 1868 unternommenen Untersuchungen. Ebenda Bd. XXIV, S. 234, 1872.

102. ***Goeßler***, Neues von der Ringwallforschung in Württemberg. Korrspbl. d. deutsch. Ges. f. Anthropol. Ethn.. Urgesch. Bd. XXXIX, S. 130/132, 1908.

103. ***Goeßler***, Die Schanze von Hundersingen (Alb). Fundber. Aus Schwaben XIV, S. 3, 1906.

104. ***Götze*** (Wollin), Proben von bearbeiteten Knochen und Tonscherben vom Burgwall bei Nächst-Neuendorf bei Zossen. Zeitschr. f. Ethn. Bd. X, S. 12/13.

105. ***Götze, Dr. A.***, Der Schloßberg bei Burg im Spreewalde. Prähist. Zeitschr. . Bd. IV, S. 264/350, 1912.

106. ***Götze, Dr. A.***, Die Steinsburg auf dem Kleinen Gleichberge bei Römhild, Sachsen-Meiningen. Zeitsch. f. Ethn. 1900, S. 416/427.

107. ***Götze, Dr. A.***, Die Steinsburg auf dem kleinen Gleichberg bei Römhild, eine vorgeschichtliche Festung. Neue Beiträge zur Geschichte des deutschen Altertums. Herausgegeben von dem Hennebergischen Altertumsforschenden Verein in Meiningen. 16. Lieferung. Meiningen 1912.

108. ***Götze, Dr. A.***, Die vorgeschichtlichen Burgen der Rhön und die Steinsburg auf dem kleinen Gleichberge bei Römhild. Mannus 2. Erg.-Bd., S. 11/18, 1911

109. ***Götze, Dr. A.***, Die Steinsburg bei Römhild nach den neueren Untersuchungen. Prähist. Zeitschr. Bd. 13/14, S. 19/83, 1922.

110. ***Götze, Dr. A.***, Die Schwedenschanze von Sokolniki bei Gultowy, Kr. Schroda, Prov. Posen. Nachr. über deutsch. Altertumsfunde 1898, S. 84/85 und Zeitschr. f. Ethn. 1898.

111. ***Götze, Dr. A.***, Die Schwedenschanze bei Trzek, Kr. Schroda, Prov. Posen. Ebenda 1898, S. 48 und Zeitschr. f. Ethn. 1898.

112. ***Götze, Dr. A.***, Thüringer Wallburgen. Zeitschr. f. Ethn. 1896,S. 115/119.

113. ***Götze, Dr. A.***, Die Schwedenschanze auf der Klinke bei Riewend, Kr. Westhavelland. Nachr. über deutsch. Altertumsfunde 1901. S. 17/26.

114. ***Götze, Dr. A.***, Ein slawischer Burgwall am Riewendsee. Geschäftsbericht d. Brandenb. Prov.-Konservators für 1911-1913. Erschienen 1914. S. 87/99.

115. ***Götze, Dr. A.***, Burgwall und Pfahlbau bei Freienwalde a. Oder. Ebenda 1902, S. 85/86.

116. ***Götze-Höfer-Zschiesche***, Die vor.- und frühgeschichtlichen Altertümer Thüringens mit einer archäologischen Karte. Würzburg 1909.

117. ***Gregor und Schulte***, Über den Burgwall Grezendzin. Oberschl. Heimat Bd. IV, S. 137ff., 243ff., 1908.

118. ***Gretschel, H.***, Die Koschützer Heidenschanze. In Gretschel, Die Geschichte der Gemeinde Koschütz bei Dresden. 1905, S. 13/22.

119. ***Große, H.***, Der Rundwall von Möllendorf im Kreise Luckau. Zeitschr. f. Ethn. Bd. XXXX, S. 918/940, 1908.

120. ***Große, H.***, Der Burgwall von Zahsow, Kr. Kottbus. Nachr. über deutsch. Altertumsfunde 1903, S. 65/76.

121. ***Gutmann***, Die neolithische Bergfeste von Oltingen. Prähist. Zeitschr. Bd. 5, S. 158/205, 1913.

122. ***Haas, Prof. Dr. A.***, Die Cranitz auf Rügen. Baltische Studien Bd. XX, S. 14/16, 1917.

123. ***Hagen, J. O. v. d.***, Der Fergitzer Burgwall. Mannus Bd. III, S. 75/95.

124. ***Hahn***, Über den Burgwall von Niemberg, Kr. Goldberg. Mitt. d. Liegnitzer Gesch.- u. Altertumsver. Bd. V, S. 166ff.

125. ***Handelmann***, Die Bauernburgen auf den nordfriesischen Inseln. Zeitschr. d. Ges. f. Schleswig-Holstein-Lauenburgische Gesch. Bd. III. Kiel 1873.

126. ***Handelmann***, Vorgeschichtliche Befestigungen in Wagrien. Zeitschr. f. Ethn. Bd. XII, S. 168/171, 1880.

127. ***Handelmann***, Die Thyraburg bei Kl. Dannewerk (Schleswig). Ebenda Bd. XII, S. 136/139, 1880.

128. ***Handelmann***, Vorgeschichtliches Burgwerk und Brückenwerk in Ditmarschen. Ebenda Bd. XV, S. 18/33, 1883.

129. ***Handelmann-Groß***, Der Ringwall von Pöppendorf (Gebiet Lübeck). Ebenda Bd. XII, S. 58/59, 1880. Dazu Tafel II.

130. ***Hauchecorne***, Die chemische Untersuchung der Schlacken von den oberlausitzischen Brandwällen. Zeitschr. f. Ethn. Bd. II, S. 461/464.

131. ***Heine, A.***, Über die Umwallung des Proschtenberges bei Bautzen. Jahrb. d. Gesellsch. f. Anthropol. u. Urgesch. d. Oberlausitz H. 5, S. 293/317. Görlitz 1902.

132. ***Hennig, A.***, Boden und Siedelungen im Königreich Sachsen. Dissertation Leipzig 1912. Darin behandelt der Verfasser auch die Ringwälle in einem besonderen Abschnitt, weil u. a. „die unmittelbare Abhängigkeit von der Natur und Gestaltung des Bodens in ihnen sehr klar zum Ausdruck kommt“.

133. ***Hellmich***, Überblick über die schlesischen Burgwälle. Schlesien Bd. II, S. 67/74.

134. ***Hertlein, Fr.***, Der Heidengraben über Urach. Bl. d. Schwäb. Albvereins 1905, S. 371.

135. ***Hertlein, Fr.***, Der Wallring bei Finsterlohr. Ebenda 1904, S. 335. Fundber. aus Schwaben. XI, S. 7, 1903; XIV, S. 91, 1906.

136. ***Hertlein, Fr.***, Die vorgeschichtliche Kocherburg bei Unterkochem. Ebenda XXI, S. 29/32, 1913.

137. ***Hirschberger***, Ein Gräberfeld und ein Ringwall bei Tornow. Zeitschr. f. Ethn. Bd. XII, S. 292/294, 1880.

138. ***Hockenbeck und Tietz***, Ausgrabungen und Funde im Kreise Wongrowitz im Jahre 1884. Zeitschr. d. Histor. Gesellsch. d. Prov. Posen Jahrg. 1, S. 378, Posen 1885.

139. ***Hoffmann***, Verzeichnis sämtlicher Ortschaften des Regierungsbezirks Bromberg 1860.

140. ***Hofmeister, H.***, Die Wehranlagen Nordalbingiens. Lübeck 1917.

141. ***Hofmeister, H.***, Eine slavische Siedlung auf dem Schanzenberge am Ratzeburger See. Prähist. Zeitschr. VI, S. 197, 1914.

142. ***Hofmeister, H.***, Die Slavensiedlung auf dem Schanzenberge am Ratzeburger See. Prähist. Zeitschr. VI, S. 197, 1914.

143. ***Hollack, E.***, Vorgeschichtliche Übersichtskarte von Ostpreußen, nebst Erläuterungen dazu. Flemming. Glogau/Berlin 1908.

144. ***Huguenel***, Resultate einer Probegrabung auf der Werleburg in Mecklenburg-Schwerin. Zeitschr. f. Ethn. Bd. XXXXVIII, S. 96/100, 1916.

145. ***Jacob, Dr. G.***, Streichsteine vom kleinen Gleichberge (bei Römhild). Zeitschr. f. Ethn. Bd. 10, S. 273/274.

146. ***Jacob, Dr. G.***, Vorgeschichtliche Wälle und Wohnplätze in den fränkischen Gebietsteilen der Herzogtümer Sachsen-Meiningen und Koburg. Arch. f. Anthropol. Bd. XXIII, S. 77/95, 1895.

147. ***Jacob, Dr. G.***, Die Gleichberge bei Römhild (Herzogtum Meiningen) und ihre prähistorische Bedeutung. Ebenda Bd. X, S. 261/296, 1882; Bd. XI, S. 441/452, 1883.

148. ***Jacob, Dr. G.***, Eiserne Hohlschlüssel von dem kleinen Gleichberge bei Römhild. Ebenda Bd. XIII, S. 283/284, 1885.

149. ***Jacob, Dr. G.***, Ein Schädel und Knochenfund vom kleinen Gleichberg bei Römhild. Ebenda Bd. XX, S. 181/186, 1891/1892.

150. ***Jacob, K.***, Slavische Wälle bei Leipzig. In Jacob, Zur Prähistorie Nordwest-Sachsens. Leipzig 1911, S. 218/299.

151. ***Jahn, M.***, Die Ringwälle auf dem Breitenberge und dem Streitberge bei Striegau. Schlesien VII, S. 93, 1913.

152. ***Jentsch, Dr. G.***, Das heilige Land bei Niemitsch. Zeitschr. f. Ethn. Bd. XIV, S. 112 bis 128, 1886.

153. ***Jentsch, Dr. G.***, Der Werderthörsche Burgwall zu Guben. Ebenda Bd. XVI, S. 436/439, 1884.

154. ***Jentsch, Dr. G.***, Der Rundwall auf der Lübst-Hutung bei Guben. Ebenda Bd. XVII, S. 147/149, 1885.

155. ***Jentsch, Dr. G.***, Der Rundwall bei Stargardt, Kr. Guben. Ebenda Bd. XVIII, S. 196/199, 1886.

156. ***Jentsch, Dr. G.***, Rundwall bei Großbreesen, Kr. Guben. Nachrichten über deutsch. Altertumsfunde. 1889/1890, S. 51.

157. ***Jentsch, Dr. G.***, Der Rundwall von Stargardt im Gubener Kreise.

Niederlausitzer Mitteilungen Bd. I, S. 18/23, u. 37/46, 1890.

158. ***Jentsch, Dr. G.***, Funde aus Rundwällen der Niederlausitz. Ebenda Bd. III, S. 1/129, 1894.

159. ***Jentsch, Dr. G.***, Neue Funde aus dem slavischen Rundwall bei Stargardt, Kr. Guben. Ebenda Bd. III, S. 319, 1894.

160. ***Jentsch, Dr. G.***, Zwei neuentdeckte Rundwälle im Kreise Cottbus. Mit einem Verzeichnis der Niederlausitzer Rundwälle. Ebenda Bd. II, S. 402, 1892.

161. ***Jentsch, Dr. G.***, Der Rundwall bei Trebitz, Kr. Lübben. Ebenda Bd. IV, S. 243, 1896.

162. ***Jentsch und Küster***, Neue Nachrichten über Rundwälle. 1. falkenberg, Kr. Luckau. 2. Die ehemalige Schanze bei Frstl. Drehna, Kr. Luckau. Ebenda Bd. III, S. 327, 1894.

163. ***Kasten***, Der Burgwall in der Prägel. Baltische Studien Bd. XXIX, S. 33, 1879.

164. ***Klemm, G.***, Bericht über die Coschützer Heidenschanze. Isis 1872, S. 110/112.

165. ***Knack***, Die Burg Saatzig. 1912, S. 9.

166. ***Koch, Chr.***, Die Königsburg (bei Bohnert, Prov Schleswig-Holstein). Die Heimat. Kiel 1907, S. 10/15.

167. ***Kofler***, Die Ringwälle des Altkönigs im Taunus. Zeitschr. f. Ethn. Bd. XV, S. 355 bis 356, 1883.

168. ***Kofler***, Ringwälle und Belagerungsburgen. Westd. Zeitschr. XI, S. 210.

169. ***Kohn und Mehlis***, Materialien zur Vorgeschichte des Menschen. Bd. I und II.

170. ***Körner***, Der Burgwall bei Testdorf. Zeitschr. Des Heimatbundes für Mecklenburg Bd. VII, S. 52, 1912.

171. ***Korschelt, G.***, Der Ringwall auf dem Eichlerberge bei Herrnhut. Saxonia I, S. 174/175, 1876.

172. ***Kruse, Ed.***, Zwei-Doppel-Ringwälle bei Petkus und Liepa, Kr. Jüterbog-Luckenwalde. Nachr. über deutsch. Altertumsfunde 1899, S.

47/48.

173. ***Krüger, H.***, Burgwälle in „Die Siedelung der Altslawen in Norddeutschland“. Mannus Bibl. Nr. 22, S. 126/129. Leipzig, Kabitzsch 1922.

174. ***Kutzer***, Die Kastellanei Gradice Golensicecke. Oberschlesien Bd. IX, S. 344/247.

175. ***Lange, Th.***, Prähistorische Funde vom Schloßberge bei Dohna. „Über Berg und Tal“ 1888, Nr. 11, S. 281/282.

176. ***Lange, Wilhelm***, Der Rhündaer Berg in Niederhessen. Prähist. Zeitschr. Bd. V, S. 460, 1913.

177. ***Langewiesche, Fr.***, Wallburgen. Ravensb. Blätter XV, S. 11.

178. ***Lehmann-Nitsche***, Ein Burgwall und ein vorflämischer Urnenfriedhof von Königsbrunn, Cujawien. Zeitschr. f. Ethn. Bd. XXIX, S. 171/175, 1897.

179. ***Lehner, H.***, Der Festungsbau der jüngeren Steinzeit. Prähist. Zeitschr. Bd. II, S. 1/23, 1910. Darin sind erwähnt: der Ringwall auf dem Hessenberg bei Obereisisheim in der Nähe von Heilbronn, der Wartberg bei Heilbronn, die Schanzenwerke von Urmitz und Mayen und allgemeine Ausführungen über Siedelung innerhalb der Ringwälle.

180. ***Lehner, H.***, Der Ring von Otzenhausen. Trier 1894.

181. ***Lemcke, H.***, Burgwall von Stettin. Zeitschr. f. Ethn. Bd. XXI, S. 116/120, 1889.

182. ***Lemke, F.***, Der Burgberg von Großgardienen (Ostpreußen). Zeitschr. f. Ethn. Bd. XVI, S. 442/444, 1884.

183. ***Lienau, M. M.***, Ausflug nach Frankfurt a. d. Oder und zum Burgwall von Lossow. Mannus III. Erg.-Bd., S. 8/11, 1923.

184. ***Lisch, G. C. F.***, Der Burgwall von Bölkow in „Über die Länder Bisdede und Tribedne“. Jahrb. d. Ver. f. mecklbg. Gesch. u. Altertumsk. 12. Jahrg., S. 9/27 u. 453//456, 1847.

185. ***Lisch, G. C. F.***, Burgwallkeramik in „Die Graburnen der Wendenkirchhöfe“. Ebenda S. 435/438.

186. ***Lisch, G. C. F.***, Über die wendische Fürstenburg Mecklenburg. Ebenda S. 450/452.

187. ***Lisch, G. C. F.***, Burgwall von Werle. Ebenda S. 452.

188. ***Lisch, G. C. F.***, Burgwall von Dargun. Jahrb. d. Ver. f. mecklenb. Gesch. u. Altertumsk. 7. Jahrg., S. 70/71, 1841; 12. Jahrg., S. 453, 1847.

189. ***Lisch, G. C. F.***, Burgwall von Sternberg in „hauptbegebenheiten in der älteren Geschichte der Stadt Sternberg“. Jahrb. d. Ver. Mecklenb. Gesch. u. Altertumsk. 12. Jahrg., S. 190, 1847.

190. ***Lissauer***, Prähistorische Denkmäler der Provinz Westpreußen und der angrenzendenden Gebiete. Danzig 1887.

191. ***Lühmann, H.***, Die vorgeschichtlichen Wälle am Reitling (Elm). Korrspbl. d. deutsch. Gesellsch. f. Anthrop., Ethn. u. Urgesch. Bd. XXIX, S. 134/140, 1898.

192. ***Lühmann, H.***, Ringwall am Reitling. Bau- u. Kunstdenkmäler des Herzogtums Braunschweig III, 2. Abt.

193. ***Lustig***, Der Steinwall auf dem Geiersberge. Schles. Vorzeit. N. F. IV, S. 46/53.

194. ***Magdalinski***, Die Wendenburg auf dem sogenannten Kautelhof. Pommersche Monatsblätter, Stettin Bd. 27, S. 103/105, 1913.

195. ***Maske***, Der Hühnerberg bei Buslar, Kr. Belgard. Pommersche Monatsblätter, Stettin Bd. 33, S. 48, 1913.

196. ***Matthis***, Eine frühgeschichtliche Ringmauer und alte Steinbrüche auf dem Riesberge bei Niederbronn. Mitt. d. Vogesenklubs Nr. 32, 1902.

197. ***Mehlis, C.***, Der Schlackenwall auf dem Donnersberg. Zeitschr. f. Ethn. Bd. XXIV, S. 563/564, 1892.

198. ***Mehlis, C.***, Die Heidenmauer auf dem St. Odilienberg im Elsaß. Beilage zur Münchener Allgemeinen Zeitung 1900, Nr. 38.

199. ***Mehlis, C.***, Eine vorgeschichtliche Befestigung auf dem „Heidelberg“ bei Hambach in der Pfalz. Korrspbl. d. Gesamtver. d. deutsch. Gesch. u. Altertumsver. LXII, S. 64/67, 1914.

200. ***Meisner***, Danenwerk und Hedeby. Zeitschr. f. Ethn. Bd. XXXVI, S. 675/697, 1904.

201. ***Menghin, Dr. O.***, Neue Wallburgen im Etschtale zwischen Meran und Bozen. Mitt. d. Anthrop. Gesellsch. in Wien Bd. XXXX (3. Folge, Bd.

X). Wien 1910.
202. ***Menghin, Dr. O.***, Kleine Beiträge zur südtirolischen Wallburgenforschung. Ebenda XLIII, S. 76/93, 1913.
203. ***Menghin, Dr. O.***, Meine Wallburgenforschungen in Deutschsüdtirol. Ebenda Bd. L (3. Folge, Bd. XX). Wien 1920.
204. ***Menghin, Dr. O.***, Ein umwallter Latène-Pfahlbau am Ritten. Wien. Prähist. Zeitschr. I, S. 53/77, 1914.
205. ***Menzel***, Der Burgwall von Kratzig, Kr. Köslin. Prähist. Zeitschr. 1914, S. 330.
206. ***Menzel***, Funde aus der Wendenzeit. Pommersche Monatsblätter Stettin Bd. 26, S. 66/70, 1912.
207. ***Mertins***, Osk., Wegweiser durch die Urgeschichte Schlesiens. Breslau 1906, S. 129ff.
208. ***Mielke, R.***, Ältere Erwähnungen von Burgwällen. Monatsbl. d. Gesellsch. f. Heimatk. Brandenburgs IX. Jahrg., S. 30, 1900.
209. ***Mielke, R.***, Bericht über den Gehrener „Opferherd“. Zeitschr. f. Ethn. Bd. XXXIV, S. 38/46, 1902.
210. ***Mielke, R.***, Die Franzosen- oder Schwedenschanze bei Bornim, Prov. Brandenburg. Nachr. über deutsch. Altertumsf. 1898, S. 7/10.
211. ***Miller, Ed.***, Die Heuneburgen. Blätter der Schwäb. Albver. XIII, S. 485/486, 1901.
212. ***Monke, O.***, Der Arsendorfer Burgwall. Brandenburgia XV. Jahrg. S. 359, 1906/07.
213. ***Müller***, Ringwall auf dem Grünsberg bei Alsfeld in Oberhessen. Jahresber. d. Südwestdeutsch. Verb. d. Altertumsforsch. Prähist. Zeitschr. Bd. I, S. 243/246, 1909.
214. ***Müller***, Einiges über alte wendische Befestigungen, Baue und Ringmauerwälle in der Umgebung von Leisnig. Mitt. Leisnig H. 1, S. 45/48, 1868.
215. ***Müller***, P., Nachtrag zu Agahds „Burgwall von Lossow bei Frankfurt a. d. O.“ (Prähist. Zeitschr. III, S. 308) Prähist. Zeitschr. V, S. 594, 1913.

216. ***Näbe, M.***, Der Mahlberg bei Groß-Pötschau. Leipziger Zeitung. Wissenschaftliche Beilage 1905, Nr. 82, S. 325/326.

217. ***Näher-Christ***, Die ersten germanischen Schanzenwerke am Oberrhein. Bonner Jahrb. 74, 1882.

218. ***Naumann, R.***, Die Heidenschanze von Coschütz. In: Merk- und Denkwürdigkeiten von Coschütz 1911, S. 10/15.

219. ***Needon, R.***, Der Radisch bei Klein-Saubernitz. Oberlausitzer Jahreshefte II, H. 1, S. 24/26, 1905

220. ***Needon, R.***, Die Spittwitzer Schanze. Ebenda H 1, S. 26/31, 1905.

221. ***Needon, R.***, Der Steinwall auf der Schmoritz (bei Bautzen). Ebenda II, H. 2, S. 125/131, 1906.

222. ***Needon, R.***, Rundwälle der Bautzener Gegend. Ebenda II, H. 3 u. 4, S. 242/251, 1907/1908.

223. ***Neischl, Major Dr. A.***, Die vor- und frühgeschichtlichen Befestigungen am Rauhen Kulm bei Neustadt a. Kulm (Oberpfalz). Herausgegeben von Dr. H. Obermauer. 1913.

224. ***Oesten***, Der Burgwall bei Quadenschönfeld in der Nähe von Feldberg. Zeitschr. f. Ethn. Bd. XIV, S. 494, 1882.

225. ***Oesten***, Der Burgwall Jatzke in Mecklenburg-Strelitz. Ebenda Bd. XVI, S. 436/497, 1884.

226. ***Oppermann-Schuchhardt***, Atlas vorgeschichtlicher Befestigungen in Niedersachsen. Hannover 1888-1916.

227. ***Osborne***, Der böhmische Burgwall Zamka. Zeitschr. f. Ethn. Bd. XV, S. 285/288.

228. ***Pax und Hoffmann***, Prähistorische Pflanzen aus Schlesien und der Oberlausitz. Englers botanische Jahrbücher Bd. 52, S. 346/353.

229. ***Pfaff, E.***, Die prähistorischen Wohn- und Grabstätten von Hildesheim und Umgebung. Mitteilungen aus dem Römer-Museum. Hildesheim, Juli 1914.

230. ***Pfau, Cl.***, Die Wallanlagen bei Ziegra und Kriebstein (Höfchen). Waldheimer Anz. Sonderabdruck 1913.

231. ***Pilk, G.***, Über drei prähistorische Ringwälle unseres Vereinsgebietes. „Über Berg und Tal“. 1894, Nr. 5 S. 40/41.

232. ***Preusker, K.***, Das romantische Elbtal bei Seußlitz, seine Heidenwälle und gleiche der Umgegend. „Blicke“ III, S. 121/143, 1844.

233. ***Preusker, K.***, Der Stromberg bei Weißenberg. „Blicke“ I, S. 75/87, 1841.

234. ***Prochno, F.***, Wendische Funde aus der Altmark. Zeitschr. f. Ethn. Bd. XXII, S. 312 bis 316, 1890.

235. ***Rademacher, H.***, Der Burgwall „Röverberg“ bei Phöben, Kr. Zauch-Belig. Nachr. über deutsch. Altertumsfunde 1902, S. 54/55.

236. ***Ratthey, W.***, Der Schloßberg (Rundwall) bei Gurkau (Kr. Sorau N.-L.). Brandenburgia Jahrg. XXIV, S. 89/93, 1915.

237. ***Ritter, J.***, Die Burg Stüvendorf bei Vietlübbe. Jahrb. d. Ver. f. mecklenb. Gesch. u. Altertumsk. Jahrg. 13, S. 402/407, 1848.

238. ***Ritter, J.***, Burgstelle von Retzow. Ebenda S. 407.

239. ***Ritter, J.***, Burgstelle von Wangelin. Ebenda S. 409

240. ***Ritter, J.***, Wallberge bei Sutkow am Plauer See. Ebenda S. 409/410.

241. ***Ritterling***, Die Erforschung des Dünstberges. Jehresber. d. Südwestdeutsch. Verb. f. Altertumsforsch. Prähist. Zeitschr. Bd. I, S. 243/246, 1919.

242. ***Röder, v.***, Die Wallberge bei Reitwein. Zeitschr. f. Ethn. Bd. V, S. 161/162.

243. ***Saalborn, Dr.***, Altertümer des Kreises Sorau. Zeitschr. f. Ethn. Bd. X, S. 311/314.

244. ***Schemel***, Der Burgberg stary dwor bei Crone a. d. Brahe. Jahrb. d. Hist. Gesellsch. f. d. Netzedistrikt 1897, S. 33/36.

245. ***Schierenberg***, Glasburgen, Schlackenwälle und Brandwälle. Zeitschr. f. Ethn. Bd. XII, S. 290/292, 1880.

246. ***Schierenberg***, Ansicht über die Entstehung der Schlackenwälle. Ebenda Bd. XXV, S. 154/155, 1893.

247. ***Schlauch***, Die Ausgrabungen auf dem Schloßberge zu Dohna. Lockwitz 1904.

248. ***Schlesier***, Die heidnischen Grabstätten bei Schlieben. Zeitschr. f. Ethn. Bd. IX, S. 32/34.

249. ***Schliz***, Der Wartberg bei Heilbronn. Röm.-Germ. Korrspbl. II, Nr. 2, S. 17ff., 1909.

250. ***Schliz-Voß***, Ein vorgeschichtlicher Wall bei Schwäbisch-Hall, enthaltend rotgebrannte Keupersandstein-Einschlüsse. Nachr. über deutsch. Altertumsfunde 1902, S. 51/54.

251. ***Schmedding, J. H.***, Atlas vor- und frühgeschichtlicher Befestigungen in Westfalen. Herausgeg. i. Auftr. d. westf. Aletrtumskomm. Münster 1920. Coppenrath.

252. ***Schmidt, H.***, Der Doppelwall auf dem Rothstein bei Sohland. Oberlausitz. Jahreshefte II, H. 2, S. 131/143, 1906. „Gebirgsfreund" 1906, Nr. 10, S. 153/157.

253. ***Schmidt, H.***, Die Schwedenschanze bei Kittlitz. Oberlausitz. Jahreshefte II, H. 1, S. 9/21, 1905. Ebenda 1906, Nr. 9, S. 129/134.

254. ***Schmidt, H.***, Der Wall und die Burg auf dem Hutberge in Schönau auf dem Eigen. Nied. Laus. Mag. LXXX, S. 113/123, 1904.

255. ***Schmidt, H.***, Die vorgeschichtlichen Rundwälle in der Amtshauptmannschaft Löbau i. S. Jahresh. d. Gesellsch. f. Anthrop. u. Urgesch. d. Oberlausitz Bd. II, H. 3 u. 4.

256. ***Schmidt, H.***, Ergebnis meiner Wallforschung auf dem Breitenberge bei Striegau in Schlesien. Mannus I, S. 280, 1909.

257. ***Schmidt, H.***, Die Schlackenwälle auf dem Stromberge und dem Löbauer Berge. Verhandl. d. Berl. Gesellsch. f. Anthrop. 1900, S. 315/327. „Gebirgsfreund" 1900, Nr. 7, S. 80/81; Nr. 8, S. 91/92.

258. ***Schmidt, Dr. H.***, Aufnahme des Burgwalles, „das neue Schloß" am Südharz. Mitt. a. d. Prov.-Mus. d. Prov. Sachsen H. 1, S. 24/26, 1894.

259. ***Schmidt, Dr. Walter***, Die Ringwälle des Bacherngebietes. I. Teil. Mitt. d. Prähist. Komm. d. Kaiserl. Akad. d. Wisssensch. in Wien 1915.

260. ***Schmidt, Dr. Walter***, Der Ringwall Postela. Anz. d. Kaiserl. Akad. d. Wissensch.. in Wien 1915, Nr. VII, S. 29/34.

261. ***Schmidt, Dr. Walter***, Vorgeschichtliche Forschungen in Steiermark im Jahre 1915. Ebenda 1916, Nr. XVII.

262. ***Schmidt, Dr. Walter***, Beitrag zur Geschichte der frühmittelalterlichen Besiedelung der Steiermark. In „Festgabe für Luschin-Ebengreuth“. Prag 1921.

263. ***Schmidt***, Der Kreis Flatow. Thorn 1860.

264. ***Schneider, G.***, Eine alte Nachricht über den Schloßberg bei Burg, Kr. Cottbus. Niederlausitzer Mitt. Bd. III, S. 323, 1894.

265. ***Schneider, L.***, Über böhmische Burgwälle. Zeitschr. f. Ethn. Bd. X, S. 35/46.

266. ***Schneider, L.***, Ein Burgwall am Deister. Ebenda Bd. X, S. 135/139.

267. ***Schneider, L.***, Mitteilungen über böhmische Gräberfelder und Burgwälle. Ebenda Bd. X, S. 368/372.

268. ***Schneider, O.***, Verschlacktes Gestein am Stromberge in der Lausitz. Isis 1867, S. 78, Ber.

269. ***Schnittger, Dr.***, Die vorgeschichtlichen Burgwälle in Südschweden. Referat darüber in Mannus Bd. 4, S. 430, 1912 und in der Prähist. Zeitschr. Bd. VI, S. 407, 1912.

270. ***Schnittger, Dr.***, Die vorgeschichtlichen Burgwälle in Schweden. Monteliusfestschrift S. 335/349.

271. ***Soehnel, H.***, Die Burgwälle Schlesiens nach dem gegenwärtigen Stande der Forschung. Schlesiens Vorzeit in Schrift und Bild Bd. VI, S. 49/106, 1896.

272. ***Soehnel, H.***, Die Rundwälle der Niederlausitz nach dem gegenwärtigen Stand der Forschung. Guben 1886.

273. ***Schuchhardt, Dr. C.***, Protokoll über die Ausgrabungen auf der Gräft bei Driburg. Zeitschr. f. Ethn. Bd. XXVII, S. 708/709, 1895.

274. ***Schuchhardt, Dr. C.***, Ausgrabungen auf der Römerschanze bei Potsdam 1908. Ebenda Bd. XXXX, S. 127/133, 1908.

275. ***Schuchhardt, Dr. C.***, Neues von Befestigungen der Oberlausitz. Ebenda Bd. 41, S. 508/509, 1909.

276. ***Schuchhardt, Dr. C.***, Ausgrabungen auf dem heiligen Stadtberg.

Ebenda Bd. 42, S. 973, 1910.

277. ***Schuchhardt, Dr. C.***, Die Ergebnisse meiner Ausgrabungen auf der Römerschanze bei Nedlitz (Potsdam) im Jahre 1911. Ebenda Bd. 44, S. 244/246, 1912.

278. ***Schuchhardt, Dr. C.***, Die Römerschanze bei Potsdam. Prähist. Zeitschr. Bd. I, S. 209/238.

279. ***Schuchhardt, Dr. C.***, Ringwall an der Havel in Potsdam. Ebenda Bd. III, S. 376, 1911.

280. ***Schuchhardt, Dr. C.***, Schlacken- und Brandwälle Korrespbl. f. Anthrop., Ethn. u. Urgesch. Jahrg. XL, S. 89, 1909

281. ***Schulenburg, v.***, Der Schloßberg zu Burg a. d. Spree. Zeitschr. f. Ethn. Bd. XII, S. 237/243, 1880.

282. ***Schulenburg, v.***, Das Vorkommen von Totenurnen auf dem Schloßberg bei Burg. Ebenda Bd. XV, S. 246, 1883.

283. ***Schulenburg, v.***, Der Brahmoer Schloßberg und der wendische König. Ebenda Bd. XV, S. 55/56, 1883.

284. ***Schulenburg, v.***, Die Schwedenschanze bei Görbitzsch. Ebenda Bd. XXIX, S. 429/432, 1897.

285. ***Schulenburg, v.***, Der Borchwald bei Klauswalde. Ebenda Bd. XXIX, S. 434/435, 1897.

286. ***Schulenburg, v.***, Der Lindenhörst bei Lüdersdorf. Ebenda Bd. XXIX, S. 443/447

287. ***Schulte, W.***, Die Schrodka. Zeitschr. d. Histor. Gesellsch. f. d. Prov. Posen 22. Jahrg., 2. Halbb., S. 240/241, 1907, Posen.

288. ***Schultze, Martin***, Vorgeschichtliche Untersuchungen während der Kriegszeit. Mannus 1918, H. I/II.

289. ***Schulz, Fr.***, Bericht über einen Burgwall im Regatal, Kr. Schievelbein. Zeitschr. f. Ethn. Bd. VIII, S. 145/146.

290. ***Schulze, Rob.***, Die Kösitzer Wallburg. Köthen, Paul Schettlers Erben 1921.

291. ***Schumacher, H.***, Slawische und germanische Burgwälle. Monatsbl. d. Gesellsch. Pommerscher Gesch. u. Altertumsk. 1899, S.

25/29.

292. ***Schumacher, K.***, Beiträge zur Besiedelungsgeschichte des Hunsrücks, der Eiffel und Westdeutschlands überhaupt. Prähist. Zeitschr. Bd. VIII, 1916.

293. ***Schumacher, P.***, Ein Burgwall in Polzin, Kr. Belgard, Pommern. Mannus Bd. 13, S. 115/119, 1921.

294. ***Schumann, H.***, Die Burgwälle des Randowtales. Baltische Studien Bd. XXXVII, S. 1, 1887.

295. ***Schuster, O.***, Die alten Heidenschanzen Deutschlands. Dresden 1869.

296. ***Schuster, O.***, Der Kupschiner Doppelwall. Isis 1869, S. 56/58.

297. ***Schuster, O.***, Der Steinwall auf dem Halbhufenberge bei Lawalde. Ebenda 1877, S. 125/126.

298. ***Schuster, O.***, Umwallungen aus der Vorzeit, bes. Schanze von Alt-Oschatz. Ebenda 1875, S. 94/96.

299. ***Schwartz, Dr. W.***, Materialien zur prähistorischen Kartographie der Provinz Posen. Programme des Friedrich-Wilhelm-Gymnasiums in Posen 1875, 1880, 1881.

300. ***Schwartz, Dr. W.***, Burgwälle in Posen. Zeitschr. f. Ethn. Bd. X, S. 315/316, 1878.

301. ***Seger***, Die Schwedenschanze von Oswitz. Zeitschr. d. Ver. f. Gesch. Schlesiens 1919, S. 79/93.

302. ***Siehe***, Der Rundwall von Torno. Zeitschr. f. Ethn. Bd. XVII, S. 154, 1885.

303. ***Sperling***, Heidenschanze bei Niedergurrig (Bautzen). In Sperling, Einige Funde usw. Oberlausitz. Jahresh. II, H. 2, S. 96, 1906.

304. ***Sprater***, Ringwall bei Deidesheim. Bericht auf der Tagung des Südwestdeutschen Verbandes. Worms 1909.

305. ***Sprotte***, Über oberschlesische Burgwälle. Oberschlesische Heimat Bd. I, S. 57. Oppeln 1905.

306. ***Stephany-Thieme***, Burgwall bei Kunersdorf im Oderbruch. Zeitschr. f. Ethn. Bd. XIV, S. 450/454, 1882.

307. ***Szombathy, Jos.***, Das Gschloß an der Schnelzen (Burgstall Waldegg). Jahrb. f. Altertumsk. Wien Bd. III, S. 191/193.

308. ***Tappeiner***, Der Ringwall bei Siegmundskron in Südtirol. Mitt. d. österr. Zentralkommission 1897, S. 3.

309. ***Taubner***, Westpreußische Burgwälle. Zeitschr. f. Ethn. Bd. XX, S. 502/505, 1888.

310. ***Taubner***, Der Burgwall von Cechotzin (Kr. Neustadt, Westpreußen). Ebenda Bd. XXI, S. 757/762, 1889.

311. ***Thomas, Chr. L.***, Untersuchung zweier Taunus-Ringwälle. Archiv f. Anthrop. Bd. XXII, S. 65/72, 1894.

312. ***Thomas, Chr. L.***, Die Alteburg auf der Kuppe des Rauschberges bei Schöllkrippen. Korrspbl. d. deutsch. Gesellsch. f. Anthrop., Ethn. u. Vorgesch. Bd. XXXIII, S. 1 u. 4, 1902.

313. ***Thomas, Chr. L.***, Ringwall- und andere urzeitliche Wohnstellen im Taunus. Korrspbl. Westdeutsch. Zeitschr. 1902, S. 39.

314. ***Thomas, Chr. L.***, Die Ringwälle auf dem Altkönig und der Goldgrube im Taunus. Westd. Zeitschr. Jahrg. XXI, Nr. 3 u. 4, Mannus Bd. 4, S. 115/119, 1912.

315. ***Thomas, Chr. L.***, Die Gickelsburg nächst der Salburg. Saalburg-Jahrb. III, S. 112/117, 1912.

316. ***Thomas, Chr. L.***, Der Ringwall über der Heidetränk-Talenge im Taunus. Nass. Ann. XXXVI, S. 212/247, 1906.

317. ***Thomas, Chr. L.***, Die Burg bei Rambach. Ebenda XLII, S. 138/146, 1913.

318. ***Thomas, Chr. L.***, Die einstige Bestimmung der Ringwälle Süddeutschlands. Nass. Mitt. 1906/1907, S. 104.

319. ***Tittel***, Burgwäller der Oschatzer Gegend. In May und Tittel, Das Oschatzer Hügel- und Tieflandsgebiet zwischen Mulde und Elbe. Meißen 1905, S. 26/29.

320. ***Treichel, A.***, Zwei Burgwälle um Alt-Grabow (Westpreußen). Zeitschr. f. Ethn. Bd. XII, S. 392/397, 1880.

321. ***Treichel, A.***, Beiträge zur Prähistorie des westpreußischen Kreises

Carthaus. Ebenda Bd. XIV, S. 249/250, 1882.
322. ***Treichel, A.***, Erdeinschnitte an Burgwällen. Ebenda Bd. XIV, S. 144/145, 1882.
323. ***Treichel, A.***, Bericht über prähistorische Fundstellen aus Westpreußen. Ebenda Bd. XVI, S. 73, 1884.
324. ***Treichel, A.***, Der Burgwall von Tolkemitt in Westpreußen. Ebenda Bd. XVI, S. 319/322, 1884.
325. ***Treichel, A.***, Der Burgwall von Paleschken. Ebenda Bd. XVI, S. 319/322, 1884.
326. ***Treichel, A.***, Der Schloßberg bei Liniewo. Ebenda Bd. XVII, S. 506/507, 1885.
327. ***Treichel, A.***, Die sogenannte Schwedenschanze bei Garczin (Westpreußen). Ebenda Bd. XVIII, S. 244/248, 1886.
328. ***Treichel, A.***, Die Schwedenschanze bei Stocksmühle, Kreis Marienwerder. Ebenda Bd. XX, S. 290/292, 1888.
329. ***Treichel, A.***, Westpreußische Schloß- und Burgberge. Ebenda Bd. XX, S. 323/330, 1888.
330. ***Treichel, A.***, Westpreußische Burgwälle. Ebenda Bd. XX, S. 257/263, 494/502, 1888.
331. ***Treichel, A.***, Der Burgwall von Schiwialken, Kr. Pr. Stargardt. Ebenda Bd. XX, S. 173, 1888.
332. ***Treichel, A.***, Die Wendenschanze von Pogutken. Ebenda Bd. XXI, S. 425/428, 1889.
333. ***Treichel, A.***, Drei neue Wälle in Ostpommern. Ebenda Bd. XXI, S. 479/484, 1889.
334. ***Treichel, A.***, Schloßberge in Westpreußen. Ebenda Bd. XXI, S. 602/614, 1889.
335. ***Treichel, A.***, Schloßberg bei Nieder-Schridlau, Kr. Berent. Ebenda Bd. XXI, S. 540/541, 1889.
336. ***Treichel, A.***, Steinkreise und Schloßberge in Westpreußen. Ebenda Bd. XXII, S. 38/44, 1890.
337. ***Treichel, A.***, Westpreußische Schloßberge und Burgwälle. Ebenda

Bd. XXIII, S. 178 bis 186, 1891.

338. ***Treichel, A.***, Burgwälle in Ostpommern. Zeitschr. f. Ethn. Bd. XXVIII, S. 130/137, 1896.

339. ***Treichel, A.***, Der Doppelwall von Bendargan, Kr. Carthaus. Ebenda Bd. XXVIII, S. 376/379, 1896.

340. ***Treichel, A.***, Der Schloßberg von Mehlken, Kr. Carthaus. Ebenda Bd. XXIX, S. 58/66, 129/130, 1897.

341. ***Treichel, A.***, Burgwall von Kratzig bei Nassow. Nachr. über deutsch. Aletrtumsforsch. 1892, S. 61/64.

342. ***Treichel, A.***, Burgwall von Adl. Weiß-Bukowitz. Ebenda 1892, S. 76/77.

343. ***Treichel, A.***, Wall bei Groß-Pinschin, Kr. Pr. Stargardt Ebenda 1894, S. 32, S. 72/76.

344. ***Treichel, A.***, Die Schwedenschanze bei Zedlin, Kr. Stolp, Pommern. Ebenda 1804.

345. ***Trümpler-Bödemann***, Frühgeschichtliches vom Kirchbau in Sachsenburg. Unterhaltungsbeilage 3. Frankenberger Tageblatt 1909, 29. Aug., S. 139.

346. ***Vermehren***, Der Kopietz oder Tempelberg bei Oberwitz, Kr. Gr. Strehlitz. Oberschlesien Bd. VII, S. 244/247.

347. ***Vermehren***, Die Zlönitzer Schanze, Kr. Oppeln. Ebenda Bd. VIII, S. 353/355.

348. ***Virchow***, Gebrannte Steinwälle der Oberlausitz. Zeitschr. f. Ethn. Bd. II, S. 257/271, 1870.

349. ***Virchow***, Mitteilungen über einen Brandwall auf dem Heimberge bei Fulda. Ebenda Bd. II, S. 466, 1870.

350. ***Virchow***, Bericht über die Brandwälle in der Nähe von Koschütz bei Dresden auf dem Rothstein bei Schlaud in der Oberlausitz, sowie dem Steinwall der alten Burg im Spessart. Ebenda Bd. III, S. 107/112, 1871.

351. ***Virchow***, Gräberfelder und Burgwälle der Niederlausitz und des überoderischen Gebietes. Ebenda Bd. IV, S. 226/235, 1872.

352. ***Virchow***, Bericht über den Burgwall von Wildberg. Ebenda Bd.

VI, S. 161/162, 1874

353. ***Virchow***, Mitteilungen über den Burgwall von Potzlow. Ebenda Bd. VI, S. 115, 1877.

354. ***Virchow***, Bericht über die Funde von einem Burgwall bei Wollstein. Ebenda Bd. VII, S. 19, 1875.

355. ***Virchow***, Der Burgwall von Barchlin. Ebenda Bd. VII, S. 10/11, 1875.

356. ***Virchow***, Bericht über die Ringwälle von Karne, Wollstein und Priment. Ebenda Bd. VII, S. 100/106, 1875.

357. ***Virchow***, Brandwall bei Stradow (Polen). Ebenda Bd. VII, S. 6, 1875.

358. ***Virchow***, Der Burgwall von Zahsow bei Cottbus. Ebenda Bd. VII, S. 227/231.

359. ***Virchow***, Der Brandwall bei Blumberg in der Oberlausitz. Ebenda Bd. VIII, S. 152/153, 1876.

360. ***Virchow***, Die Burgwälle an der Mogilnitza (Posen). Ebenda Bd. IX, S. 243/254, 1877.

361. ***Virchow***, Burgwälle und alte Ansiedlungen im Bomster Kreise. Ebenda Bd. X, S. 251 bis 254, 1878.

362. ***Virchow***, Bericht über den Borchelt von Goßmar bei Luckau. Ebenda Bd. X, S. 290 bis 296, 1878.

363. ***Virchow***, Bericht über die Ravensburg bei Neubrandenburg. Ebenda Bd. XI, S. 252, 1879.

364. ***Virchow***, Der Spreewald und die Lausitz. Ebenda Bd. XII, S. 222/236, 1880.

365. ***Virchow***, Gräberfelder und Burgwälle von Ragow bei Lübben. Ebenda Bd. XII, S. 94/105, 1880.

366. ***Virchow***, Scherbenproben aus dem Burgwall Waldstein im Fichtelgebirge. Ebenda Bd. XV, S. 252/253, 1883.

367. ***Virchow***, Bericht über altslawische und vorslawische Altertümer von Gnischwitz Schlesien. Ebenda Bd. XVI, S. 277/279, 1884.

368. ***Virchow***, Niemitsch und das heilige Land. Ebenda Bd. XVIII, S.

567/571, 1886.

369. ***Virchow***, Bericht über prähistorisch-anthropologische Verhältnisse in Pommern. Darin beschreibt er die Ringwälle bei der Oberförsterei Werder und den „Hengst". Ebenda Bd. XVIII, S. 620/623, 1886.

370. ***Virchow***, Die Durchschneidung des Schloßberges bei Burg a. d. Spree. Ebenda Bd. 1897, S. 483/491.

371. ***Virchow***, Schwedenschanze bei Fordan an der Weichsel. Nachr. über deutsch. Altertumsfunde 1889/1890, S. 7.

372. ***Virchow***, Urnengräberfeld und Burgwall bei Lossow, Kr. Lebus, Prov. Brandenburg. Ebenda Bd. 1889/1890, S. 20/21.

373. ***Virchow***, Ein Burgwall bei Heidevorwerk, Kr, Wohlau. Ebenda 1889/1890, S. 29/30.

374. ***Virchow***, Über den Burgwall bei Burg i. Spreewald. Korrspbl. d. deutsch. Gesellsch. f. Anthrop., Ethn. u. Urgesch. Jahrg. XXVIII, S. 98, 1897.

375. ***Virchow-Krause***, Der Burgwall bei Ketzin. Zeitschr. f. Ethn. Bd. XVI, S. 47/56.

376. ***Vogel, Cl.***, Der Burgwall auf dem Staubenberge bei Westewitz. Sitzungsber. u. Abhandl. d. Naturwissensch. Gesellsch. Isis Jahrg. 1902, S. 133/137. Dresden 1903.

377. ***Voges***, Die vorgeschichtlichen Befestigungen am Reitling im Elm. Korrespbl. d. deutsch. Gesellsch. f. Anthrop., Ethn. u. Vorgesch. Bd. XXIX, S. 140/142, 1898.

378. ***Voß, G.***, Die Steinsburg auf dem kleinen Gleichberg bei Römhild, eine vorgeschichtliche Festung. Bau- und Kunstdenkmäler Thüringens H. 31, S. 466/470; Ringwall auf dem großen Gleichberg. H. 31, S. 471/472. Jena 1904.

379. ***Voß, G.***, Die Engelsburg oder Schwedenschanze bei Rothenburg a. d. Tauber. Zeitschr. f. Ethn. Bd. IX, S. 209/216.

380. ***Voß, G.***, Die verglaste Burg bei Craig Phoedrick (Schottland). Ebenda Bd. X, S. 48/59.

381. ***Voß, G.***, Böhmische Steinwälle. Ebenda Bd. XIII, S. 240/241.

382. ***Voß, G.***, Der Schloßberg bei Burg im Spreewald. Arch. f. Anthrop. IV. F., Bd. II, S. 229/232, 1904.

383. ***Voß, G.***, Bericht über das Gräberfeld von Klein-Rössen, die „Wahlberge“ bei Falkenberg, Reg.-Bez. Merseburg und über eine Ausgrabung auf dem Burgwall bei Schlieben, Kr. Schweidnitz. Zeitschr. f. Ethn. Bd. VIII, S. 166/171.

384. ***Voß, G.***, Eine alte Ansiedelung bei Cammin (Pommern). Ebenda Bd. V, S. 129/132.

385. ***Voß, Dr.***, Der Burgwall von Schlieben, Provinz Sachsen. Berl. Verhandl. 1876, S. 170.

386. ***Vug***, Schlesische Heidenschanzen. Grottkau 1890.

387. ***Waase, K.***, Neue Funde am Burgwall bei Wildberg. Brandenburgia Jahrg. XVII, S. 446/449, 1908/1909.

388. ***Weber, F.***, Der Ringwall und das Latènezeitliche Gräberfeld am Steinbichl bei Manching. Beitr. z. Anthrop. u. Urgesch. Bayerns 1906, S. 19.

389. ***Weerth, Prof. Dr.***, Die Polackenschanze bei Sternberg in Lippe. Bericht in der Prähist. Zeitschr. Bd. I, S. 86/87, 1909.

390. ***Weigel, M.***, Der Burgwall von Marienwalde, Kr. Arnswalde, Prov. Brandenburg. Nachr. über deutsch. Altertumsfunde 1892, S. 52/56.

391. ***Weigel, M.***, Der Burgwall vo Alt-Ruppin, Kr. Ruppin, Prov. Brandenburg. Ebenda 1892, S. 72/76.

392. ***Weigel, Dr.***, Untersuchung des Ringwalles von Behringen, Kr. Soltau, Prov. Hannover. Zeitschr. f. Ethn. Bd. XXI, S. 20/22, 1889.

393. ***Weineck***, Das Burglehn bei Steinkirchen. Zeitschr. f. Ethn. Bd. XXI, S. 516/520, 1889.

394. ***Wiechel***, Der Wall im Oberholz bei Thräna. Zeitschr. f. Ethn. Bd. XXXIII, S. 409/411, 1901.

395. ***Wieser, v.***, Prähistorische Ansiedlungen und Wallburgen bei Seis und Kastelruth. Zeitschr. d. Ferdinandeums in Innsbruck 3. F., H. 42, 1898.

396. ***Wilhelm, F.***, Backofenfunde in einem vorgeschichtlichen Walle. Prähist. Zeitschr. Bd. VIII, S. 125/132, 1916.

397. ***Wilhelm, F.***, Fund eines Backofens in der Schanze bei der weiten Bleiche (Bautzen). Bautzener Geschichtshefte 1916, Nr. 2, S. 67/69.

398. ***Wilke, Dr.***, Ein prähistorischer Wall im Oberholz bei Thräna. Zeitschr. f. Ethn. Bd. XXXIII, S. 58/64, 1901.

399. ***Wilke***, Bericht über die Ausgrabungen vom Burgwall Zahsow. Programm des Kottbusser Gymnasiums 1859, S. 30.

400. ***Wilsdorf, O.***, Die Heidenschanze bei Alt-Coschütz. „Bergblumen" 1891, Nr. 12, S. 90/91; 1892, Nr. 2, S. 11/14.

401. ***Wuttke***, Städtebuch des Landes Posen. Leipzig 1877.

402. ***Zapf, L.***, Die wendische Wallstelle auf dem Waldsteine im Fichtelgebirge in ihrer wissenschaftlichen Ausbeute. Hof 1900, Verl. Lion.

403. ***Zapf, L.***, Eine Wallstätte im Fichtelgebirge. Zeitschr. f. Ethn. Bd. XII, S. 140/141, 1880.

404. ***Zenkteler***, Ein Beitrag zu den Ausgrabungen in der Prov. Posen. XXIX. Programm des Königl. Gymnasiums zu Ostrowo 1874, S. 18.

405. ***Zimmermann***, Vorgeschichtliche Karte von Schlesien. Breslau 1878.

406. ***Zschiesche, Dr. P.***, Übersicht über die vor- und frühgeschichtlichen Wallburgen in Thüringen. Mitt. d. Ver. f. Gesch. u. Altertumsk. In Erfurt H. 23, S. 63/91. Erfurt 1902.

407. ***Zschiesche, Dr. P.***, Die vorgeschichtlichen Burgen und Wälle im Thüringer Zentralbecken. Halle 1889.

408. ***Zschiesche, Dr. P.***, Der „Burgstall" bei Seegrehna. Mitt. a. d. Prov. Mus. d. Prov. Sachsen H. 2. S. 67/69, 1900.

409. ***Zschiesche, Dr. P.***, Die vorgeschichtlichen Burgen und Wälle auf der Hainleite. Vorgesch. Altert. d. Prov. Sachsen. Halle, Hendel 1892.

Bildteil

Abbildung 1: Ringwall von Foronnek. Sicht in den Graben

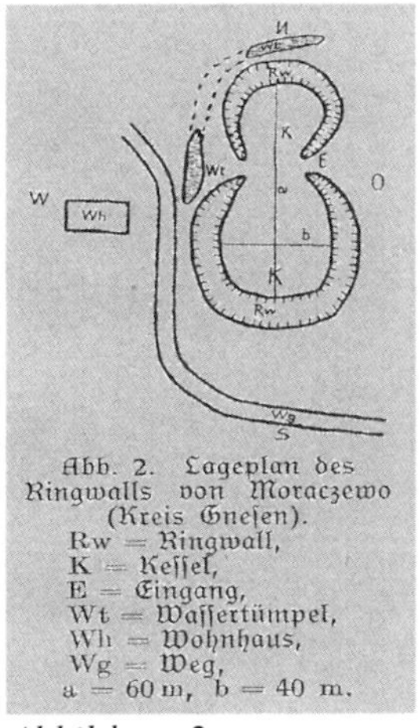

Abb. 2. Lageplan des Ringwalls von Moraczewo (Kreis Gnesen).
Rw = Ringwall,
K = Kessel,
E = Eingang,
Wt = Wassertümpel,
Wh = Wohnhaus,
Wg = Weg,
a = 60 m, b = 40 m.

Abbildung 2

Abbildung 3: Ringwall von Moraszewo (Gnesen). Gesamtansicht von Süden

Abbildung 4: Ringwall von Moraszewo (Kr. Gnesen). Sicht in den Kessel des südl. Teils.

Abbildung 5: Ringwall von Seefeld, Kreis Kolmar

Abbildung 6: Ringwall von Mietlica am Goplo-See.

Abbildung 7: Ringwall von Mietlica am Goplo-See.

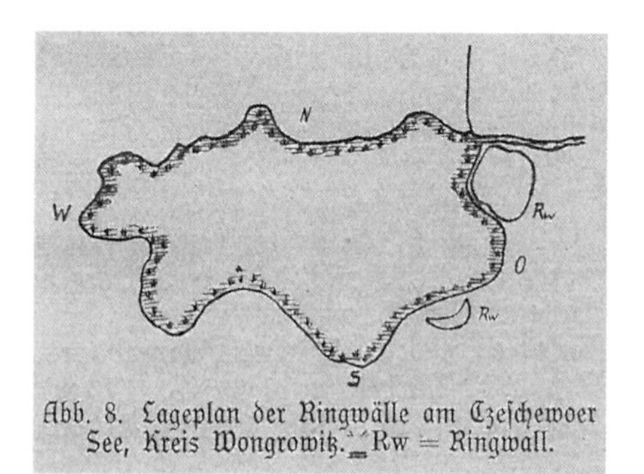

Abb. 8. Lageplan der Ringwälle am Czeschewoer See, Kreis Wongrowitz. Rw = Ringwall.

Abbildung 8

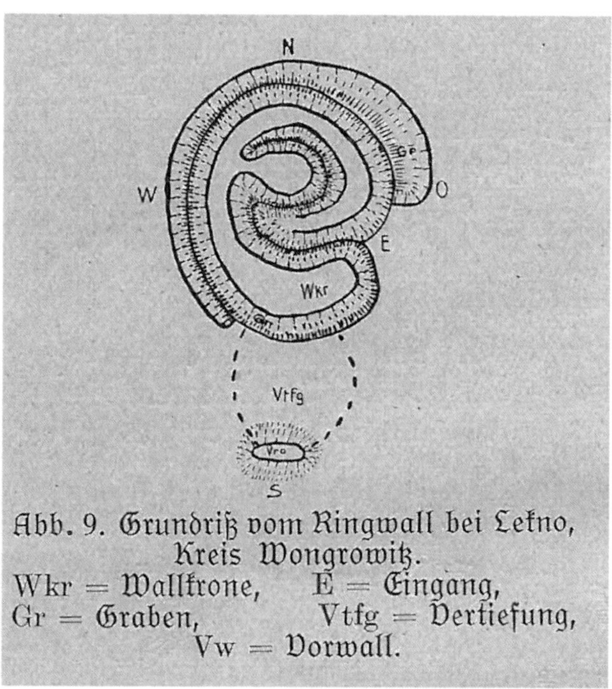

Abb. 9. Grundriß vom Ringwall bei Lekno, Kreis Wongrowitz.
Wkr = Wallkrone, E = Eingang,
Gr = Graben, Vtfg = Vertiefung,
Vw = Vorwall.

Abbildung 9

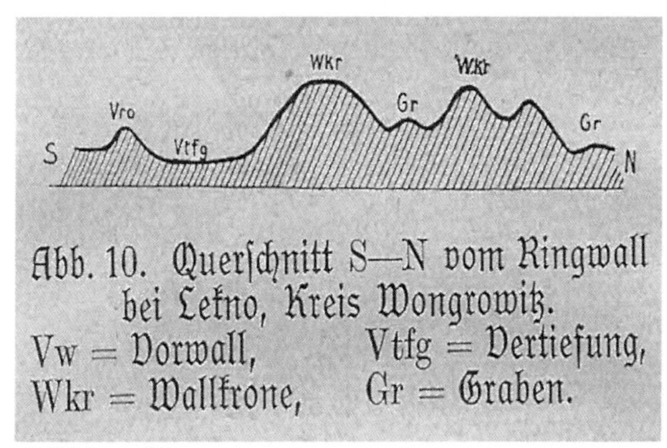

Abb. 10. Querschnitt S—N vom Ringwall bei Lekno, Kreis Wongrowitz.
Vw = Vorwall, Vtfg = Vertiefung,
Wkr = Wallkrone, Gr = Graben.

Abbildung 10

Abbildung 11: Ringwall von Lekno (Kr. Wongrowitz). Gesamtansicht.

Abbildung 12: Ringwall von Lekno (Kr. Wongrowitz). Eingang.

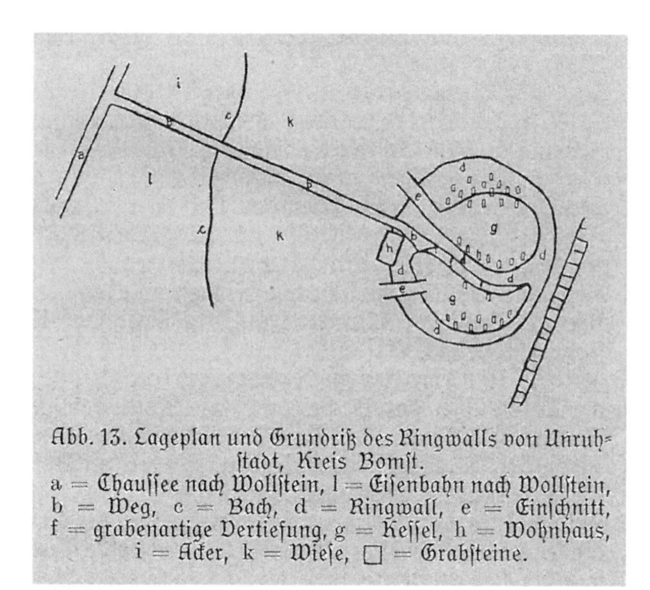

Abb. 13. Lageplan und Grundriß des Ringwalls von Unruh-stadt, Kreis Bomst.
a = Chaussee nach Wollstein, l = Eisenbahn nach Wollstein, b = Weg, c = Bach, d = Ringwall, e = Einschnitt, f = grabenartige Vertiefung, g = Kessel, h = Wohnhaus, i = Acker, k = Wiese, □ = Grabsteine.

Abbildung 13

Abbildung 14: Ringwall von Neustadt a. d. Warthe.

Abbildung 15: Ringwall von Baranow, Kreis Kempen.

Abbildung 16: Ringwall von Kempen, Kr. Kempen.

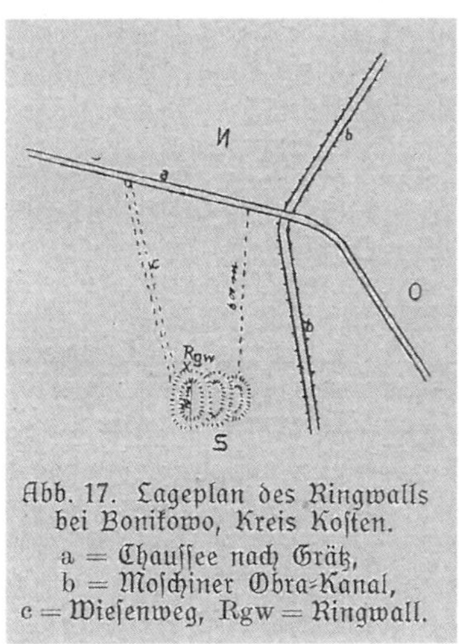

Abb. 17. Lageplan des Ringwalls bei Bonikowo, Kreis Kosten.
a = Chaussee nach Grätz,
b = Moschiner Obra-Kanal,
c = Wiesenweg, Rgw = Ringwall.

Abbildung 17

Abbildung 18: Ringwall von Glinno, Kr. Posen-Ost.

Abbildung 19: Ringwall von Kobylepole, Kr. Posen-Ost.

Abbildung 20: Ringwall von Kobylepole, Kr. Posen-Ost.

Abbildung 21: Ringwall von Dombrowka, Kr. Posen-West. Gesamtansicht.

Abbildung 22: Ringwall von Dombrowka, Kr. Posen-West. NW-Ecke.

Abbildung 23: Ringwall von Dombrowka, Kr. Posen-West.

Abbildung 24: Spitzwall von Stenschewo, Kr. Posen-West.

Abbildung 25: Spitzwall von Stenschewo, Kr. Posen-West.

Abbildung 26: Spitzwall von Stenschewo, Kr. Posen-West.

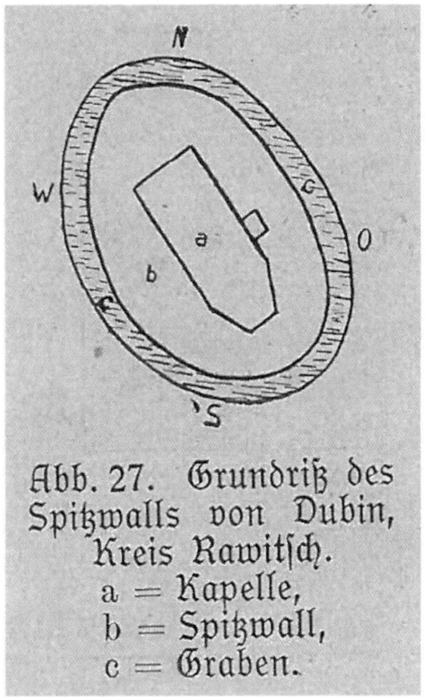

Abb. 27. Grundriß des Spitzwalls von Dubin, Kreis Rawitsch.
a = Kapelle,
b = Spitzwall,
c = Graben.

Abbildung 27

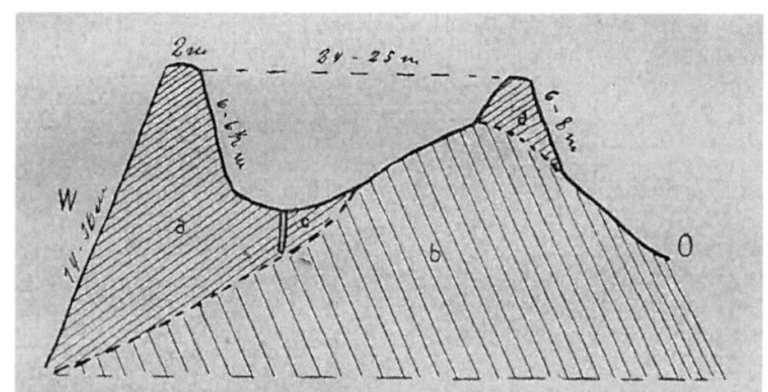

Abb. 28. Querschnitt W—O durch den Ringwall bei Neuthal, Kreis Samter.
a = Aufschüttung, b = Hügel aus gelbem Sand,
c = Fundstelle der Scherben.

Abbildung 28

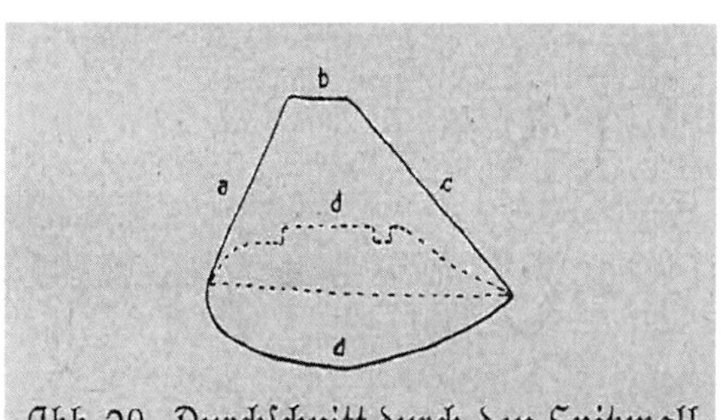

Abb. 29. Durchschnitt durch den Spitzwall (1) von Neuthal, Kreis Samter.
a = 16 m, b = 6 m, c = 25 m,
d = Umfang 125 m.

Abbildung 29

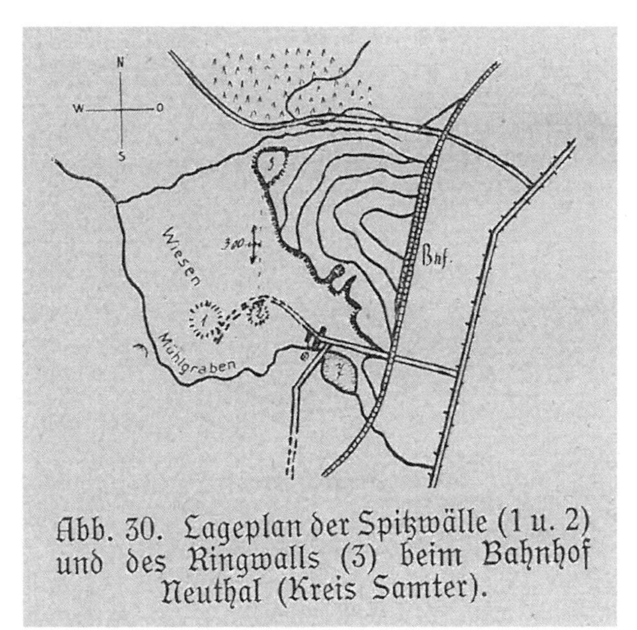

Abb. 30. Lageplan der Spitzwälle (1 u. 2) und des Ringwalls (3) beim Bahnhof Neuthal (Kreis Samter).

Abbildung 30

Abbildung 31: Ein Scherben vom Ringwall bei Neuthal, Kr. Samter.

Abbildung 32: Spitzwall am See bei Bnin, Kr. Schrimm.

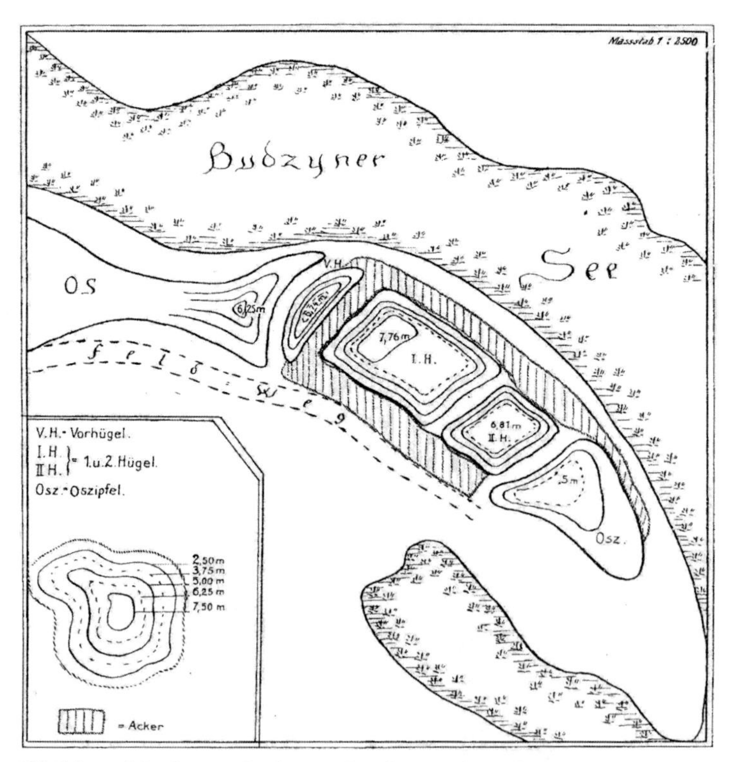

Abbildung 33: Os am Budzyner See bei Ludwigshöhe.

Abbildung 34: Spitzwälle bei Ludwigshöhe, Kr. Schrimm. 1. Spitzwall, Vorwall, Osende. Sicht von NO.

Abbildung 35: Spitzwälle bei Ludwigshöhe, Kr. Schrimm. 1. Spitzwall, Vorwall, Osende. Sicht von NW.

Abbildung 36: Spitzwälle bei Ludwigshöhe, Kr. Schrimm. Oszipfel, 2. u. 1. Spitzwall. Sicht v. N.

Abbildung 37: Spitzwälle bei Ludwigshöhe, Kr. Schrimm. Sicht von W zur Kenntlichmachung des Höhenunterschiedes.

Abbildung 38: Ringwall bei Giecz, Kr. Schroda.

Abbildung 39: Ringwall bei Giecz, Kr. Schroda.

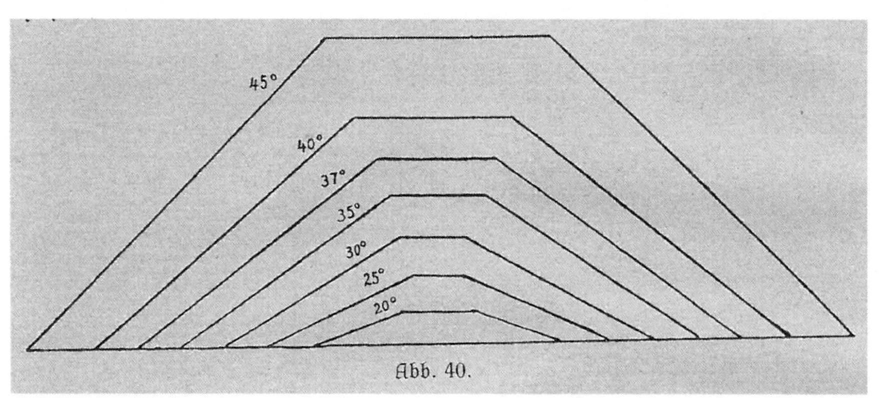

Abbildung 40

Abbildung 41: Ringwall bei Kunthal, Kr. Schrimm.

Abbildung 43: Ringwall bei Kunthal, Kr. Schrimm. Blick auf den Eingang.

Abbildung 44: Ringwall bei Kunthal, Kr. Schrimm. Sicht von W.

Abbildung 45: Ringwall bei Schlewen, Kr. Gostyn. Wall und Graben.

Abbildung 46: Ringwall bei Schlewen, Kr. Gostyn. Blick auf den Eingangsbereich.

Abbildung 47: Ehem. Ringwall bei Podrezecze, Kr. Gostyn. Mittig des Feldes befand sich der Ringwall.